# COMPAGNIE

# IMMOBILIÈRE DE PARIS

CI-DEVANT

COMPAGNIE DE L'HOTEL ET DES IMMEUBLES

DE LA RUE DE RIVOLI

## RAPPORTS

AUX ASSEMBLÉES GÉNÉRALES ORDINAIRES ET EXTRAORDINAIRES

DES

29 Septembre 1855, 26 Mai 1856,

23 Juin 1857, 23 Juin 1858, 17 Août 1858, 28 Avril 1859,

21 Avril 1860 et 20 Avril 1861.

PARIS,

IMPRIMERIE ADMINISTRATIVE ET DES CHEMINS DE FER DE PAUL DUPONT,

Rue de Grenelle-Saint-Honoré, 45.

1861

# COMPAGNIE

# IMMOBILIÈRE DE PARIS

CI-DEVANT

COMPAGNIE DE L'HOTEL ET DES IMMEUBLES

DE LA RUE DE RIVOLI

## RAPPORTS

AUX ASSEMBLÉES GÉNÉRALES ORDINAIRES ET EXTRAORDINAIRES

DES

29 Septembre 1855, 26 Mai 1856,

23 Juin 1857, 23 Juin 1858, 17 Août 1858, 28 Avril 1859,

21 Avril 1860 et 20 Avril 1861.

PARIS,

IMPRIMERIE ADMINISTRATIVE ET DES CHEMINS DE FER DE PAUL DUPONT,

Rue de Grenelle-Saint-Honoré, 45.

1861

©

# TABLE

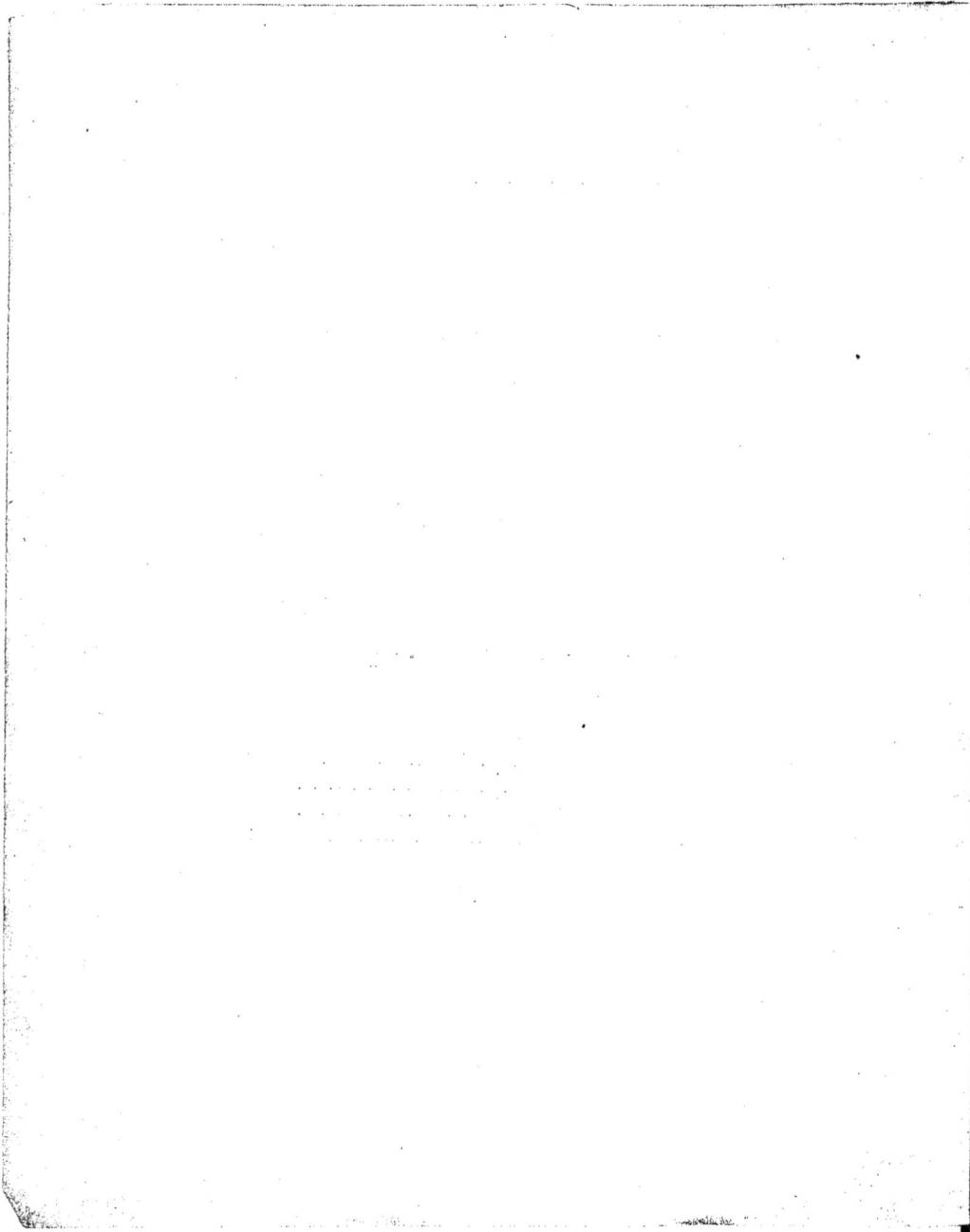

# COMPAGNIE

## DE L'HOTEL ET DES IMMEUBLES DE LA RUE DE RIVOLI.

# RAPPORT

## A L'ASSEMBLÉE GÉNÉRALE DU 29 SEPTEMBRE 1855.

# COMPAGNIE

## DE L'HOTEL ET DES IMMEUBLES DE LA RUE DE RIVOLI

# RAPPORT

## à l'Assemblée générale du 29 Septembre 1855.

MESSIEURS,

Le développement de l'industrie et du commerce, l'augmentation de la fortune publique, tendent à changer l'aspect de nos anciennes cités.

Les rues étroites, les maisons entassées et malsaines, disparaissent pour faire place à des voies larges et commodes, à des habitations élégantes et spacieuses, en harmonie avec les besoins de notre époque.

La ville de Paris est, depuis quelques années, entrée hardiment dans cette voie de transformation ; mais, jusqu'à présent, ses efforts avaient été incomplétement secondés par l'appui de capitaux insuffisants ou isolés.

En effet, pour entreprendre les immenses travaux que réclament l'embellissement et l'assainissement de Paris, il faut le concours de capitaux nombreux, tels que peut seule les réunir une puissante association ; aussi, jusqu'à présent, toute amélioration tentée par la ville de Paris amenait-elle de fâcheuses perturbations : les habitants des quartiers démolis allant augmenter, d'une manière subite et anormale, la population des autres quartiers, il en résultait une élévation exagérée du prix des loyers, élévation qui ne cessait qu'au moment où l'achèvement de constructions nouvelles venait rétablir l'équilibre.

Fonder sur l'association de capitaux considérables une Société assez puissante pour entreprendre de vastes opérations de construction ; donner à la ville de Paris un auxiliaire prêt à s'associer à ses projets ; empêcher l'élévation exagérée du prix des loyers par la prompte exécution des travaux : telle a été notre pensée en fondant la *Compagnie de l'Hôtel et des immeubles de la rue de Rivoli.*

Nous avons fixé son capital social à la somme de 24 millions, et nous l'avons divisé en actions de 100 francs, pour mettre la valeur immobilière que représentent ces actions à la portée de toutes les fortunes.

Notre première opération a été l'achat de la presque totalité des terrains expropriés pour le dégagement des Tuileries et du Louvre et la transformation d'un quartier tout entier, dont l'aspect contrastait avec la magnificence de ces deux palais.

L'acquisition des terrains qui forment la base de notre entreprise a été faite à la ville de Paris et au Gouvernement par les fondateurs de notre Société, à leurs risques et périls.

En faisant cette acquisition, ils se sont réservé la faculté de transmission par déclaration de command. Ce marché a été purement et simplement cédé à notre Société dès qu'elle a été constituée sous la forme anonyme.

Le contrat authentique a été passé entre M. le préfet de la Seine, agissant au nom de la ville de Paris, en vertu d'une délibération du conseil municipal, et au nom de l'État, en vertu d'une décision de M. le Ministre des finances. Ce contrat, ainsi que les statuts de notre Société, indique que la cession de ces terrains nous a été faite par les fondateurs, au prix antérieurement consenti par la ville de Paris et par l'État.

C'est ainsi, Messieurs, que notre Société, fondée après la grande hausse de toutes les valeurs immobilières, a pu devenir propriétaire de terrains achetés avant cette hausse et jouir de l'intégralité du bénéfice de leur prix primitif d'acquisition.

Pour nous renfermer dans la limite du capital de notre Société et pour arriver plus tôt au but que nous nous proposions, c'est-à-dire au prompt remplacement des maisons qui disparaissaient, nous n'avons pas repoussé les demandes des entrepreneurs particuliers, et nous avons cédé une portion des terrains qui nous appartenaient.

Enfin, nous nous sommes rendus acquéreurs de l'ancien hôtel d'Osmond, situé rue Basse-du-Rempart, en face de la rue de la Paix.

Chacun de vous, Messieurs, connaît cette magnifique habitation, placée dans une situation exceptionnelle, sur le plus riche boulevard de Paris, et dont les dépendances considérables permettront de tirer plus tard un grand parti.

Deux destinations distinctes ont été données aux terrains de la rue de Rivoli.

Les uns sont occupés par des habitations particulières et séparées, qui, placées au centre d'un quartier populeux, offrent au commerce des avantages qui les feront vivement rechercher.

Sur les autres nous avons élevé le *Grand Hôtel du Louvre*.

Cette vaste construction répond aux besoins nouveaux créés par l'accroissement incessant de la population flottante qu'amène à Paris le réseau, chaque jour plus étendu, des chemins de fer.

Le succès des entreprises de même nature, en Allemagne et aux États-Unis, nous a donné la conviction que ce serait une opération fructueuse, et nous croyons pouvoir avancer qu'aucune autre capitale de l'Europe ne possède un établissement qui puisse être comparé au nôtre.

Placée entre trois palais, cette immense construction devait avoir des proportions grandioses, tout en offrant aux voyageurs le comfort qu'ils désirent.

Par l'adoption de dispositions nouvelles et heureuses, ce double but a été atteint, et nous n'hésitons pas, Messieurs, à en appeler à votre jugement sur ce point, assurés d'avance de votre approbation.

Enfin, Messieurs, nous nous sommes assuré, pour la direction de cette vaste entreprise, la coopération d'un homme expérimenté : M. DREMEL, propriétaire et directeur de l'hôtel Victoria, à Dresde, a été mis à la tête du *Grand Hôtel du Louvre*.

L'intelligence et la longue expérience de M. Dremel, la distribution intérieure de l'hôtel, si commode pour une exacte surveillance, si bien appropriée aux besoins d'un service attentif et soigneux, sont autant de garanties de succès.

Vous voyez, Messieurs, quelle a été la marche que nous avons suivie. Voici maintenant l'emploi de notre capital.

Nos terrains de la rue de Rivoli s'étendent, du passage Delorme à la rue de l'Oratoire, sur une superficie de 14,553 m. 06.

Leur prix total est de 6,795.987 fr. 75 c., soit 467 fr. par mètre.

La partie de terrains affectée à l'Hôtel du Louvre nous revient, en principal et frais, à . . . . . . . . . . . . 3,439,782 f. 85 c.

Le prix de la construction de cet hôtel, aujourd'hui entièrement achevé, ne dépassera pas 7,350,000 »

L'ameublement et le fonds de roulement s'élèvent à . . . . . . . 2,000,000 »

Ensemble . . . . . . . . . . . . 12,789,782 f. 85 c.

Les terrains affectés aux autres immeubles de la rue de Rivoli coûtent, principal et frais . . . . . . . . . . . . . . . 3,356,204 f. 90 c.

Les constructions (sur marchés à forfait) . . . . . . . . . . . 4,843,025 65

Ensemble . . . . . . . . . . . . 8,199,230 55

Le prix de l'hôtel d'Osmond, principal et frais, est de . . . . . . . . . . . . . . . . . . . . . . . . 1,898,740 24

Total . . . . . . . 22,887,753 f. 64 c.

Vous voyez, Messieurs, que, sur notre capital, entièrement réalisé, de 24,000,000 fr., une somme de 1,112,246 fr. 36 c. restera disponible après l'achèvement de toutes les opérations que nous avons entreprises.

La dépense entière pour l'établissement de l'Hôtel du Louvre s'élève, comme nous venons de le dire, à 12,789,782 fr. 85 c.

Sur cette somme, 2 millions ont été affectés à l'ameublement.

L'immeuble proprement dit ne représente donc que 10,789,782 f. 85 c.

Il donnera deux sortes de produits :

Les locations de boutiques qui occupent le rez-de-chaussée ;

L'exploitation de l'hôtel lui-même.

Les locations déjà faites s'élèvent à 201,500 fr.; elles assurent, pour l'ensemble de toutes les boutiques et pour quelques locations accessoires, un produit minimum de 400 à 420,000 fr. par an, soit environ 4 p. 100 de la somme qui a été dépensée pour la totalité de l'immeuble.

Les produits des quatre étages dont se compose l'Hôtel représenteront les bénéfices de l'entreprise, et quoiqu'il nous soit impossible d'évaluer aujourd'hui le chiffre de ces produits, il nous est permis de dire qu'ils seront satisfaisants. En effet, l'hôtel serait-il converti en une simple maison meublée, les 800 chambres ou salons, dont il se compose, rapporteraient encore une somme fort considérable.

Les autres immeubles de la rue de Rivoli reviennent, terrains et constructions compris, à une somme de 8,199,230 fr. 55 c.

Ils forment dix immeubles, situés rues Saint-Honoré, de l'Echelle, de Rohan, du Coq, de l'Oratoire-du-Louvre et de Rivoli.

Le produit annuel de la location de ces immeubles ne sera pas inférieur à 900,000 fr., soit, après déduction des non-valeurs, plus de 10 p. 100 des sommes dépensées.

Les baux qu'il nous a été possible de réaliser jusqu'à présent justifient, par les conditions auxquelles ils ont été faits, les chiffres que nous venons de vous indiquer.

Remarquez, Messieurs, que l'Hôtel du Louvre, aussi bien que tous nos autres immeubles de la rue de Rivoli, à l'exception d'une maison de peu d'importance, ont été affranchis, pour trente ans, de toute espèce d'impôts, par la loi qui a autorisé l'achèvement de la rue de Rivoli.

Nous avons donné en location l'hôtel d'Osmond jusqu'au mois de janvier prochain, époque à laquelle la Ville s'occupera probablement du nivellement de la rue Basse-du-Rempart. Nous ne perdrons pas de temps pour donner à ces terrains toute la valeur qu'ils comportent.

Il nous reste, Messieurs, à mettre sous vos yeux les détails de notre situation financière au 31 août dernier.

Notre passif se divise de la manière suivante :

| | |
|---|---:|
| Capital social............................ | 24,000,000 f. » c. |
| Retenues de garantie sur divers entrepreneurs... | 810,032 36 |
| Restant à payer aux époques fixées dans les contrats.................................... | 4,934,086 41 |
| Mandats à payer............................ | 26,107 85 |
| Solde du compte Profits et Pertes............ | 306,664 51 |
| Total........ | 30,076,891 f. 13 c. |

Notre actif comprend :

| | | |
|---|---|---:|
| Mobilier des bureaux...................... | | 3,504 f. 95 c. |
| Grand Hôtel du Louvre : | Terrains.......... | 3,440,782 85 |
| | Constructions...... | 5,076,020 09 |
| | Ameublements...... | 1,587,987 15 |
| | A reporter........ | 10,108,295 04 |

— 9 —

|  |  |  |  |
|---|---|---|---|
| Report..,........ |  | 10,108,295 f. 04 c. |  |
| Immeubles de la rue de Rivoli : { Terrains..... |  | 3,356,204 | 92 |
| Constructions. |  | 3,554,028 | 87 |
| Hôtel d'Osmond........................ |  | 1,898,740 | 24 |
| Travaux divers......................... |  | 337,296 | 45 |
| Divers L/C courant ..................... |  | 1,244,408 | 23 |
| Société générale de Crédit mobilier........... |  | 9,570,875 | 14 |
| Caisse............................ ...... |  | 7,042 | 24 |
| Total....... |  | 30,076,891 | 13 |

Le compte de Profits et Pertes est composé ainsi qu'il suit :

| Réalisations............................. |  | 409,371 f. | » c. |
|---|---|---|---|
| Intérêts sur comptes courants.............. |  | 225,655 | 34 |
| Produits des locations................... |  | 33,364 | » |
| Total....... |  | 668,390 | 34 |

A déduire :

| Intérêts sur actions........ | 271,668 f. 34 c. |  |  |
|---|---|---|---|
| Intérêts sur le prix de l'Hôtel d'Osmond.................. | 5,631 | 25 |  |
| Pertes sur matériaux et terrassements................... | 2,400 | 39 |  |
| Divers.................. | 2,830 | » |  |
| Frais généraux ........... | 79,195 | 85 |  |
|  | 361,725 | 83 | 361,725 | 83 |

Solde des bénéfices au 31 août.............. | 306,664 | 51 |

Ainsi, Messieurs, au début de nos opérations, avant même que l'achèvement de nos immeubles nous permette d'en retirer un produit, notre Compagnie a pu, avec le résultat de quelques réalisations et l'intérêt de ses capitaux non encore employés, solder tous ses frais d'administration, faire

2

face au payement des intérêts sur ses actions, et conserver au compte Profits et Pertes un solde de plus de 300,000 francs.

En vous indiquant la pensée qui a présidé à la fondation de notre Société, nous vous avons dit que nos efforts tendraient à seconder l'Administration dans ses projets d'embellissement et d'assainissement de la ville de Paris.

L'affaire des terrains de la rue de Rivoli a été une heureuse application de cette pensée. Comme vous venez de le voir, nos travaux auront un résultat avantageux pour notre Société, et leur parfaite et rapide exécution a entièrement rempli les vues de la ville de Paris et du Gouvernement.

Nous devons ici, Messieurs, rendre hommage au talent et au zèle avec lesquels MM. Armand, Hittorff, Pellechet et Rohaut de Fleury, architectes de notre Société, sont parvenus à élever un ensemble de constructions immenses.

C'est à l'énergie constante qu'ils ont déployée que nous devons l'exécution de travaux accomplis dans les plus parfaites conditions de l'art, et dans un délai de moins d'un an, malgré les rigueurs d'un hiver exceptionnel.

Vous ne perdrez pas de vue, Messieurs, qu'au moment où nous avons acquis les terrains de la ville de Paris, les anciennes maisons étaient en démolition, la plupart même encore intactes; les délais accordés par la ville de Paris aux entrepreneurs de démolitions n'expiraient qu'au mois d'août 1854, et nous avions à effectuer, à la suite de ces travaux, d'immenses déblais pour les caves et les fondations, et cela sans interrompre la circulation ordinaire, si active dans ces quartiers populeux : or, vous n'ignorez pas que, dès le 9 juillet 1855, le grand magasin de nouveautés du Louvre était en mesure d'ouvrir ses établissements. La visite que vous allez pouvoir faire de l'hôtel vous dira du reste mieux que nous ne pourrions le faire, et la beauté de nos travaux, et leur degré d'achèvement.

Avant de nous séparer, nous devons, Messieurs, aux termes de l'article 31 des Statuts, vous demander de constituer le Conseil d'administration, qui a été provisoirement composé de :

MM. E. PEREIRE, président.

Ch. SEGUIN.

L. ANDRÉ.

BIESTA.

CIBIEL.

DARBLAY.

DOLLFUS.

D'EICHTHAL.

LOUBAT.

PLACE.

SALVADOR.

DE WOLODKOWICZ.

Nous vous proposons aussi d'approuver les comptes que nous venons de vous présenter.

RÉSOLUTIONS.

## RÉSOLUTIONS DE L'ASSEMBLÉE.

1° A l'unanimité, l'Assemblée confirme le Conseil d'administration provisoire, qui devient en conséquence définitif, et demeure composé de :

MM. E. PEREIRE, président.

Ch. SEGUIN.

L. ANDRÉ.

BIESTA.

CIBIEL.

DARBLAY.

DOLLFUS.

D'EICHTHAL.

LOUBAT.

PLACE.

SALVADOR.

DE WOLODKOWICZ.

2° A l'unanimité, l'Assemblée approuve, tels qu'ils lui ont été présentés par son Conseil d'administration, les Comptes arrêtés au 31 août 1855.

# COMPAGNIE

## DE L'HOTEL ET DES IMMEUBLES DE LA RUE DE RIVOLI.

# RAPPORT

### A L'ASSEMBLÉE GÉNÉRALE DU 26 MAI 1856.

# COMPAGNIE

## DE L'HOTEL ET DES IMMEUBLES DE LA RUE DE RIVOLI.

# RAPPORT

PRÉSENTÉ

## PAR LE CONSEIL D'ADMINISTRATION

### PRÉSIDENCE DE M. E. PEREIRE.

MESSIEURS,

Dans notre réunion du mois de septembre dernier, nous avons indiqué la pensée qui a présidé à la fondation de notre Société sous sa forme actuelle, et nous avons mis sous vos yeux le tableau des opérations spéciales que nous avons entreprises pour réaliser cette pensée.

Nous venons aujourd'hui vous rendre compte de la marche de ces opérations et des résultats qu'elles ont déjà donnés.

Les onze maisons que nous avons fait construire, rue de Rivoli, sur une superficie de 6,641 mètres, sont, à l'exception de trois, entièrement achevées.

La construction de l'Hôtel du Louvre, que nous avons élevé sur une superficie de 7,911 mètres, a été terminée l'une des premières, et l'Hôtel a pu s'ouvrir partiellement dès le 15 octobre dernier.

Dans l'exécution des travaux que nous avons dû faire, tout en prenant soin de conserver à nos constructions le caractère grandiose et confortable que nous leur avions donné dès l'abord, nous nous sommes préoccupés de ne pas dépasser l'importance de notre capital et de nous renfermer dans les limites que nous vous avions indiquées. Nous avons aujourd'hui la satisfaction de pouvoir vous dire que ces chiffres n'ont pas été dépassés d'une manière sensible.

D'après les évaluations que nous vous avons présentées dans notre rapport du mois de septembre, le capital de notre Société devait être employé de la manière suivante :

| | | |
|---|---|---|
| Hotel du Louvre. — Acquisition des terrains et construction | 10,789,782 fr. | 85 c. |
| Maisons de la rue de Rivoli. — Acquisition des terrains et construction | 8,199,230 | 55 |
| | 18,989,013 | 40 |
| Ameublement de l'Hôtel du Louvre | 2,000,000 | » |
| Hotel d'Osmond. — Prix d'acquisition et frais | 1,898,740 | 24 |
| Solde disponible | 1,112,246 | 36 |
| Total égal | 24,000,000 | » |

Aujourd'hui, après l'achèvement de tous nos travaux, les chiffres que nous pouvons vous donner diffèrent peu de nos premières appréciations.

Voici ces chiffres :

| | | |
|---|---|---|
| Hôtel du Louvre. — Acquisition des terrains et construction | 11,143,809 | 65 |
| Maisons de la rue de Rivoli. — Acquisition des terrains et construction | 8,375,342 | 75 |
| | 19,519,152 | 40 |
| Ameublement de l'Hôtel du Louvre | 2,144,291 | 59 |
| Hôtel d'Osmond | 1,899,367 | 34 |
| Solde disponible | 437,188 | 67 |
| | 24,000,000 | » |

Les différences qui existent entre ces deux tableaux, savoir :

Pour les Immeubles........................ 176,112 fr. 20 c.
Pour l'Hôtel............................. 354,026    80
Pour le Mobilier......................... 144,291    59

ne sont généralement qu'apparentes; elles proviennent :

1° Des intérêts, pendant la construction, des sommes employées, tant à l'achat des terrains qu'aux constructions elles-mêmes, et que nous avons dû porter, par mesure d'ordre, au compte du premier établissement;

2° De l'importance que nous avons été obligés de donner à l'ameublement de l'Hôtel du Louvre, et qui représente en réalité un accroissement d'actif;

3° De quelques modifications dans les dispositions intérieures de l'Hôtel, afin d'en rendre le service plus commode et plus économique.

Les onze maisons construites dans la rue de Rivoli, de l'Echelle, de Rohan, Marengo (ancienne rue du Coq) et de l'Oratoire-du-Louvre ont pu, en partie, être offertes en location pour le terme de janvier dernier. Cette époque n'est généralement pas favorable, surtout pour les appartements de luxe; cette difficulté, jointe à celle que nous créaient les circonstances politiques dans lesquelles nous nous trouvions alors, ont rendu, au début, nos locations d'autant plus difficiles que nos immeubles et ceux construits par d'autres entrepreneurs, rassemblés tous dans un même quartier, se faisaient en quelque sorte une concurrence mutuelle.

Cependant, Messieurs, bien que nous nous soyons préoccupés plutôt d'avoir des locataires présentant de sérieuses garanties que d'obtenir des loyers élevés, mais moins certains; bien que trois de nos maisons ne soient pas encore terminées, nous sommes parvenus jusqu'à ce jour à réaliser sur ces immeubles un chiffre total de locations de........ 384,900 fr.

En calculant sur les mêmes bases, nous avons encore à réaliser sur les locations restant à faire................... 425,400

Ensemble................. 810,300

Ce revenu peut presque être considéré comme un produit net, par la

3

raison que ces immeubles, sauf deux maisons, sont entièrement affranchis d'impôts pendant 30 ans, et ensuite parce que leur mode de construction comporte fort peu de réparations.

Ce produit de 810,300 francs, correspondant à une dépense totale de 8,375,342 francs, représente un revenu de plus de 9 p. 0/0.

Vous pouvez apprécier, d'après le produit de ces locations, le bénéfice à réaliser sur la vente que nous pourrons faire de ces immeubles dès que le taux de l'intérêt de l'argent, accru momentanément par les mauvaises récoltes et par les dépenses de la guerre, sera revenu à son état normal.

Ces locations sont indépendantes de celles des boutiques de l'Hôtel du Louvre; celles-ci présentent jusqu'à ce jour une somme de location de............................................... 246,500fr.

Comme nous avons dû employer pour l'exploitation de l'Hôtel du Louvre quelques locaux qui étaient destinés à être mis en location, il ne reste plus à louer, dans les dépendances de l'hôtel, en évaluant d'après les bases des locations effectuées, que pour............................. 73,500

Total des locations des boutiques de l'Hôtel.... 320,000

L'hôtel d'Osmond demeure en dehors des appréciations que nous venons de vous donner; l'utilisation régulière de cet immeuble reste subordonnée à la réalisation des projets de la ville de Paris touchant la suppression de la rue Basse-du-Rempart, qui importe si fort à l'amélioration de l'un des plus beaux boulevards de la capitale. Jusqu'au moment où ces projets pourront être arrêtés, nous en avons fait une location provisoire, qui peut être révoquée après un avertissement donné à court délai.

Quant à l'exploitation proprement dite de l'Hôtel du Louvre, elle s'est accomplie d'une manière satisfaisante, bien que les débuts d'une semblable entreprise aient présenté de grandes difficultés. La mauvaise saison et la clôture de l'Exposition universelle, qui devaient simultanément avoir pour effet d'éloigner de Paris le concours de visiteurs que cette grande manifestation y avait attirés, étaient des obstacles sérieux : enfin l'organisation, en quelque sorte instantanée, d'un établissement unique en son genre, sans précédent analogue en France, et qui comporte d'immenses détails, n'avait pas permis, vous le comprendrez parfaitement, de donner immédiatement au service intérieur la parfaite régularité avec laquelle il se fait aujourd'hui.

Malgré toutes ces difficultés inhérentes à un début, les résultats de l'exploitation du Grand Hôtel du Louvre ont promptement dépassé nos espérances, et nous avons la satisfaction de vous dire aujourd'hui que le succès de cette entreprise est désormais assuré. Cette conviction résultera au surplus des chiffres que nous allons mettre sous vos yeux. Vous verrez, par l'accroissement régulier de nos recettes et par leur importance, sur quelles bases assurées se fonde le succès présent et à venir de cette entreprise.

Du jour de l'ouverture, au 1er janvier dernier, la moyenne des recettes a été de 4,845 francs par jour : nous ne faisons que vous indiquer ce chiffre, sans nous y arrêter. Trop de causes ont contribué à imprimer à l'exploitation de l'hôtel, pendant cette période, un caractère exceptionnel pour qu'il soit possible de la prendre pour base d'aucune appréciation : d'une part, l'incomplète organisation des branches si multipliées du service tendait à diminuer les recettes ; de l'autre, l'affluence des voyageurs, amenés dans les premiers jours par l'attrait de la curiosité, tendait à les exagérer.

Au 1er janvier dernier a commencé l'exploitation normale de l'hôtel ; à cette époque seulement, toutes les parties du service ont acquis l'homogénéité de direction indispensable à une bonne administration, et, dès ce moment, l'accroissement des recettes n'est plus dû à des causes accidentelles, mais à une clientèle qui se forme et s'étend chaque jour.

En mettant sous vos yeux les recettes de l'hôtel, nous les distinguerons en deux catégories : la première, la plus importante, celle qui, presque sans déduction, peut se traduire en bénéfices nets, le prix du logement et du service des voyageurs ; la seconde, dans laquelle les bénéfices nets ne figurent que dans des proportions variables, les produits du restaurant et d'autres objets accessoires.

## RÉSUMÉS MENSUELS

### EN MOYENNE PAR JOUR DU GRAND HOTEL DU LOUVRE.

| MOIS. | NOMBRE MOYEN des voyageurs par jour. | LOGEMENT et SERVICE, recette moyenne par jour. | RESTAURANT et ACCESSOIRES, recette moyenne par jour. | RECETTE MOYENNE TOTALE par jour. |
|---|---|---|---|---|
| JANVIER............... | 228 | 1,539 68 | 1,855 03 | 3,394 71 |
| FÉVRIER............... | 288 | 2,045 16 | 2,323 51 | 4,368 67 |
| MARS................. | 378 | 2,817 50 | 2,848 83 | 5,666 35 |
| AVRIL................ | 436 | 3,028 20 | 3,048 55 | 6,076 75 |
| MAI.................. | 508 | 3,267 33 | 3,602 37 | 6,869 64 |

Il nous eût été possible, Messieurs, d'arriver à des chiffres plus élevés en augmentant le tarif des prix de l'hôtel; mais nous avons cru qu'il était préférable de sacrifier quelque chose du présent au succès de l'avenir. Nous avons maintenu les tarifs à des prix modérés, de manière à nous assurer une clientèle considérable, qui sera le gage d'une prospérité fondée sur des bases stables.

Si l'on prend pour base du produit moyen annuel les recettes du mois d'avril, on trouve :

Pour le logement et le service, 365 jours à 3,028 fr. 20 c.......................... 1,105,293 fr. » c.

Pour le restaurant et les accessoires, 365 jours à 3,048 fr. 55 c...... .............. ........ 1,112,720 75

2,218,013 fr. 75 c.

Plus, pour les locations des boutiques de l'hôtel. 320,000 »

TOTAL du produit brut...... 2,538,013 fr. 75 c.

Si, pour rester dans des limites encore plus restreintes, on prend pour base la recette moyenne des mois de mars et d'avril, on trouve :

Locations, 365 jours à 2,922 fr. 85 c........    1,066,810 fr. 25 c.

Restaurant, 365 jours à 2,948 fr. 69 c........    1,076,271    85

                                  2,143,112 fr. 10 c.

Location des boutiques ...................    320,000    »

        TOTAL du produit brut......    2,463,112 fr. 10 c.

En prenant pour base les derniers chiffres que nous venons de vous soumettre et en nous appuyant sur l'expérience que nous avons acquise jusqu'à ce jour, nous ne croyons pas être au-dessus de la vérité en portant, déduction faite de l'amortissement du mobilier, les bénéfices nets de l'exploitation de l'hôtel à 35 p. 0/0 de recette brute, soit, par an, à............................ ........    750,000 fr. »

à laquelle somme il faudrait ajouter, pour le produit de la location des boutiques .............    320,000    »

Nous arriverions ainsi à un produit total de....    1,070,000 fr. »

Ce qui, pour un capital de 13,300,000, serait un résultat satisfaisant, en admettant même, ce qui ne paraît pas possible, que le développement de notre clientèle ne vînt pas augmenter nos recettes de toute nature.

Notre situation financière, que nous allons mettre sous vos yeux, va vous montrer combien le moment est proche où toutes les opérations que nous avons entreprises jusqu'à ce jour seront terminées.

### Au 31 mars dernier, notre Actif comprenait :

| | | | |
|---|---|---:|---:|
| Mobilier des bureaux | | 3,910 | » |
| Grand Hôtel du Louvre | Terrains | 3,664,699 | 88 |
| | Constructions | 6,784,538 | 36 |
| | Ameublement | 2,144,291 | 59 |
| Immeubles de la rue de Rivoli | Terrains | 4,149,257 | 54 |
| | Constructions | 3,934,446 | 74 |
| Hôtel d'Osmond | | 1,899,367 | 34 |
| Grand Hôtel du Louvre, S/C courant | | 332,912 | 27 |
| Travaux divers | | 716,055 | 90 |
| Divers, L/C courant | | 1,238,196 | 96 |
| Société générale de Crédit mobilier | | 2,717,403 | 16 |
| Caisse | | 371 | 41 |
| | | 27,605,451 | 15 |

## Notre Passif se divisait de la manière suivante :

| | | |
|---|---|---|
| Capital social | 24,000,000 | » |
| Retenue de garantie sur divers entrepreneurs | 752,562 | 37 |
| Restant à payer aux époques fixées par les contrats | 2,050,496 | 43 |
| Mandats à payer | 606,326 | 60 |
| Loyers reçus par anticipation | 104,825 | » |
| Solde du compte Profits et Pertes | 91,240 | 55 |

| | | |
|---|---|---|
| | 27,605,451 | 15 |

### Le Compte Profits et Pertes était composé ainsi qu'il suit :

| | | |
|---|---|---|
| Réalisations | 409,371 | » |
| Intérêts, S/C courant | 545,543 | 26 |
| Locations | 261,183 | » |
| Produit de l'exploitation du grand Hôtel | 206,118 | 37 |

| | | |
|---|---|---|
| TOTAL | 1,422,215 | 63 |

Dont il faut déduire :

| | | |
|---|---|---|
| Intérêts sur actions | 1,200,000 | » |
| Frais généraux depuis l'origine | 130,975 | 08 |

| | | |
|---|---|---|
| | 1,330,975 | 08 |
| | 91,240 | 55 |

Ainsi, Messieurs, quoique nous ayons, pendant toute la période ordinairement improductive de la construction, donné un intérêt de 5 p. 0/0 à nos Actionnaires, nous avons constamment conservé un solde créditeur au compte Profits et Pertes, et, au moment où commence l'exploitation de nos immeubles, nous n'avons pas de passif à combler, pas de prélèvements à faire sur nos produits pour compléter notre capital, et nous pourrons, avec les bénéfices que nous réaliserons jusqu'au 1er juillet prochain, servir à nos Actionnaires l'intérêt semestriel échéant à cette époque, sans même épuiser la totalité de ces bénéfices.

Ces résultats paraissent d'autant plus importants qu'on examine mieux les difficultés qu'il a fallu surmonter pour les obtenir.

En définitive, et pour résumer la situation de notre Société, nous pouvons considérer que, pour les immeubles de la rue de Rivoli proprement dits, nous avons atteint le terme de la période de construction. Bien que quelques travaux restent encore à achever, c'est du 1er janvier que l'on peut effectivement considérer comme ouverte la période d'exploitation.

La moitié des maisons construites pour le compte de la Compagnie est louée; le surplus des locations ne peut tarder à s'effectuer : leur produit brut total annuel s'élèvera à ...................... 810,000 fr. Les frais à déduire de ce produit sont très-peu importants : ces maisons ont coûté.................................... 8,375,000 fr. et nous ne pensons pas en exagérer la valeur en la portant à 14 millions.

L'hôtel d'Osmond revient à 1,900,000 francs avec les intérêts et frais; en admettant que les constructions n'aient aucune valeur, comme il occupe une superficie de 3,300 mètres, il représente un prix total d'acquisition de 575 francs par mètre. Or, en prenant pour terme de comparaison la valeur actuelle des terrains sur le boulevard (et aucune position dans Paris n'est comparable à celle qui fait face à la rue de la Paix), on peut aisément apprécier la plus-value que présente cet immeuble.

Le Grand Hôtel du Louvre, qui était la partie aléatoire de notre entreprise, celle sur le succès de laquelle il était permis de concevoir des doutes, car rien de semblable n'avait été essayé sur une aussi vaste échelle, le Grand Hôtel du Louvre a complétement réussi; sans se faire illusion, on peut estimer à environ de 8 à 10 p. 0/0 le produit net du capital qui a été affecté à sa construction et à son installation.

Quand même les opérations de notre Société devraient se borner à la location des immeubles qu'elle a fait construire et à l'exploitation du Grand Hôtel du Louvre, son avenir serait donc assuré, et ses actions présenteraient aux capitaux un placement avantageux, et surtout d'une sécurité extrême, puisque le capital en serait constamment représenté par des valeurs immobilières de premier ordre ; mais notre Société est appelée à prendre des développements plus grands : sans rien perdre des garanties fondamentales qu'elle présente, elle doit s'ouvrir un horizon plus large. Elle n'a été, au moment de sa fondation, qu'une création transitoire et la réalisation partielle d'une pensée plus générale. Ce serait donc se faire une fausse idée de son avenir que de la mesurer sur son présent, et les résultats dont nous venons de vous rendre compte sont, dans notre pensée, loin d'être une limite infranchissable.

La modification profonde introduite dans l'économie des placements financiers depuis le développement considérable qu'a pris dans ces dernières années le crédit industriel et mobilier a détourné, momentanément sans doute, les capitaux disponibles des placements hypothécaires; cet emploi de l'argent, qui avait, il y a quelques années, tant d'attrait pour les capitalistes et qui offrait à la propriété d'incontestables ressources, était en même temps, à Paris, un des éléments essentiels de l'industrie du bâtiment. A cette époque, les principales études de notaire jouaient le rôle de véritables établissements de crédit, où les entrepreneurs trouvaient facilement et à bon marché les capitaux dont ils avaient besoin, soit pour l'acquisition des terrains, soit pour les constructions qu'ils voulaient élever. Il leur suffisait alors de posséder une première mise de fonds, qui devenait le gage et la garantie des emprunts successifs au moyen desquels ils pouvaient poursuivre et mener à bien les entreprises les plus considérables. Le premier étage sorti de terre devenait le gage d'un premier emprunt; à mesure que la construction du bâtiment, s'avançant, présentait de nouvelles sûretés, le crédit primitivement ouvert s'accroissait parallèlement, en sorte que, l'édifice achevé, il se trouvait que l'entrepreneur avait pu, sans risques pour le prêteur, en emprunter presque la valeur sans autre déboursé qu'une faible mise de fonds.

4

C'est à l'aide de ces combinaisons que l'industrie du bâtiment, si précieuse pour la population parisienne, a pris de si grands développements depuis trente ans. Cette ressource lui échappe aujourd'hui ; les placements hypothécaires sont délaissés ; le courant des capitaux mobiliers a pris une autre direction ; ils ne vont plus guère dans les études, et se portent de préférence vers la rente ou vers les valeurs industrielles. Aussi l'industrie du bâtiment commence-t-elle à languir à Paris, et, sauf quelques quartiers privilégiés, où les expropriations considérables opérées par la Ville ont rendu disponibles des capitaux pour des constructions nouvelles, les constructions de 2ᵉ et 3ᵉ ordre , précisément celles qui intéressent le plus les classes moyennes et laborieuses, ne s'élèvent qu'avec lenteur et difficulté. La population, déplacée par les améliorations dont Paris est le théâtre, et accrue, chaque année, par l'effet de la prospérité générale, trouve difficilement à se loger. La demande, toujours croissante, des locations amène et maintient dans le prix des loyers une hausse anormale dont l'excès est, pour un très-grand nombre de familles, une cause de gêne et de souffrances profondes auxquelles il est urgent de remédier.

Cette situation des classes laborieuses a depuis longtemps éveillé l'attention du Gouvernement, et le *Moniteur* contenait, il y a quelques jours, à cet égard, une preuve nouvelle de la sollicitude impériale.

L'initiative qu'a prise l'Empereur en ordonnant, en vue des classes ouvrières, les constructions du boulevard Mazas, est un signal auquel nous croyons qu'il est temps de répondre.

Aujourd'hui que le centre de Paris est assaini, que de larges rues font circuler l'air et le soleil dans des quartiers où s'entassaient misérablement des populations décimées par la maladie, le même progrès doit s'étendre à d'autres quartiers ; il faut, à l'aide de mesures financières larges, mais prudentes, arriver à accroître le nombre des logements à offrir à toutes les classes de la société. Tandis que l'autorité municipale de Paris s'occupe avec sollicitude de l'ouverture de larges voies de communication destinées à rayonner du centre de la vieille cité vers les quartiers nouveaux, il faut être en mesure de reconstruire sur ces voies nouvelles les habitations que l'on a détruites pour les établir. Ces travaux ranimeront la grande industrie du bâtiment ; ils donneront aux classes moyennes et laborieuses des habitations plus saines, des logements plus aérés; ils feront cesser la hausse exagérée que la rareté des logements a faite sur les loyers. Ce n'est pas trop, pour exécuter ces grands travaux, des forces d'une puissante association financière; des efforts individuels et isolés n'y suffiraient point. Notre Société qui, nous pouvons le dire sans orgueil, a fait ses preuves dans le cercle restreint où elle est demeurée jusqu'ici limitée, doit se mettre en mesure de répondre à la pensée de son institution et de faire face aux besoins que vont créer les prospérités nouvelles du pays.

Nous vous le disions, Messieurs, il y a quelques instants, notre Société n'est, dans sa forme actuelle, que l'expression volontairement incomplète d'une pensée plus large. En effet, dès la fin de 1853, nous avions préparé et soumis à M. le Ministre du commerce les statuts d'une Société générale immobilière dont le but était de travailler « *à l'assainissement et à l'embel-* « *lissement des villes, en donnant aux constructions publiques et privées* « *le développement et la perfection que ne peut atteindre l'entreprise indi-* « *viduelle.* »

Quelques jours plus tard, les membres du Conseil d'administration, qui avait été formé à cette époque, étaient admis à l'honneur de remettre entre les mains de l'Empereur un exemplaire de ces Statuts; ce projet, accueilli favorablement, a dû être ajourné en raison de la situation particulière amenée, quelques semaines plus tard, par les premiers événements de la guerre. Il n'a pas été officiellement retiré, mais l'exécution en est demeurée suspendue; ce n'est, en quelque sorte, que par mesure d'urgence, pour assurer des moyens de travail à la population ouvrière, et surtout pour terminer la rue de Rivoli avant la grande Exposition de 1855, que la Société actuelle des Immeubles et de l'Hôtel de la rue de Rivoli a été constituée.

Aujourd'hui que la paix, rétablie par l'ascendant de la France, donne à l'Europe tout entière des gages de sécurité et de stabilité, la pensée des capitalistes et des financiers doit naturellement se tourner vers les entreprises de longue haleine, qui demandent, pour se fonder, se développer et s'accomplir, les conditions de calme et de tranquillité dont les résolutions du Congrès de Paris viennent de donner la garantie au monde.

Nous croyons donc le moment favorable pour reprendre et réaliser, dans toute son étendue, la pensée primitive à laquelle notre Société actuelle doit sa naissance.

En conséquence, nous avons résolu de soumettre à votre approbation des résolutions dont l'effet sera de transformer votre Société et d'augmenter ses ressources, en portant de **24** millions à **72** millions le capital dont elle peut disposer. La durée de la Société serait de **99** ans au lieu de **30**.

Le capital de **72** millions serait représenté :

1° Par les **240,000** actions actuelles de **100** fr., pour.  24,000,000

2° Par 96,000 actions nouvelles de 500 fr. pour......  48,000,000

Total.........  72,000,000

Les **240,000** actions anciennes de **100** francs pourraient être converties en action de **500** francs.

Les 96,000 actions nouvelles de 500 francs seraient réparties entre les possesseurs des actions anciennes, dans la proportion de deux actions nouvelles de 500 fr. par cinq actions anciennes de 100 francs.

Le montant de ces actions nouvelles serait payable à Paris, comme suit :

250 francs au moment de la souscription;

125 francs au 1er janvier 1857 ;

125 francs au 1er juillet 1857.

Les actions actuelles de **100** francs seraient reçues en payement des nouvelles. Dans ce cas, chaque détenteur de cinq actions actuelles de **100** francs libérées pourra les échanger contre trois actions nouvelles de **500** francs, libérées de **250** francs, moyennant un payement unique de **250** francs.

Ainsi transformée, disposant de ressources plus étendues, assurée d'une existence plus longue, notre Société pourra élargir le cercle de ses opérations, prendre une part efficace aux améliorations de toute nature que réclame la propriété immobilière, se prêter à toutes les combinaisons, suppléer à la pénurie des prêts hypothécaires, seconder, dans une voie parallèle et par des moyens différents, les efforts du Crédit foncier, et se réserver ainsi une part légitime dans les prospérités de l'avenir que la sagesse du Gouvernement impérial vient d'ouvrir à la France.

# RÉSOLUTIONS DE L'ASSEMBLÉE.

----

M. le Président met aux voix les deux résolutions suivantes, qui sont adoptées à l'unanimité, moins une voix :

1° L'Assemblée générale approuve les comptes arrêtés au 31 mars 1856 ;

2° Sur la proposition du Conseil d'administration, l'Assemblée générale prend, sauf l'approbation du Gouvernement, les résolutions suivantes :

1° Le capital de la Société sera porté de 24 millions à 72 millions ;

2° La durée de la Société sera portée de 30 ans à 99 ans ;

3° Il sera créé et émis au pair, par les soins du Conseil, 96,000 actions nouvelles, de 500 francs l'une.

Ces nouvelles actions seront échangeables, à la volonté des porteurs, contre des actions de 100 francs, sans néanmoins que le nombre des actions de 100 francs puisse jamais dépasser 240,000 ;

4° En conséquence, les modifications suivantes seront introduites dans les Statuts de la Société :

L'article 1er des Statuts sera rédigé ainsi qu'il suit :

« Les comparants fondent par ces présentes, sauf l'approbation du
« Gouvernement, une Société anonyme qui existera entre tous les pro-
« priétaires des actions créées ci-après, et dont les opérations consiste-
« ront :

« 1° A acquérir, soit par voie amiable, soit par voie d'adjudication ou
« d'expropriation, tout terrain bâti ou à bâtir, et généralement tous
« immeubles ;

« 2° A entreprendre par elle-même, ou par intermédiaires, pour compte
« de l'État, des départements, des villes et autres tiers, ou pour le sien
« propre, tous travaux publics ou privés ;

« 3° A établir ou commanditer tous ateliers ou entreprises se rattachant
« à l'industrie de la construction :

« 4° A prendre à bail, louer, échanger ou vendre tous immeubles et
« tous bâtiments ;

« 5° A émettre, pour une somme égale aux trois quarts au plus de celle
« qu'elle aura employée en acquisitions d'immeubles ou en constructions,
« ses propres obligations aux conditions fixées par le Conseil d'admi-
« nistration. »

L'article 2 sera rédigé comme suit :

La Société prendra la dénomination de Société immobilière.

L'article 3 sera rédigé ainsi :

« La durée de la Société est fixée à quatre-vingt-dix-neuf ans, à partir
« du décret homologatif des présents Statuts, sauf les cas de dissolution ou
« de prorogation prévus ci-après. »

La rédaction des articles 5, 6, 7 sera remplacée par celle ci-après :

## Art. 5.

Le fonds social est fixé à 72 millions de francs.

## Art. 6.

« Il se divise en 336,000 actions, savoir :

« 240,000 actions de 100 francs l'une, émise du 1er au 5 janvier 1855,
« et 96,000 actions de 500 francs, qui seront émises après le décret homo-
« logatif des présents Statuts.

« Ces 336,000 actions sont réparties ainsi qu'il suit, savoir :

« Les 240,000 actions de 100 francs souscrites à la date des 4 et
« 5 décembre 1854 entre les personnes et dans les proportions ci-après
« indiquées. »

Voir aux Statuts le tableau de répartition :

« Les 96,000 actions nouvelles de 500 francs seront réparties entre les

« possesseurs des 240,000 actions anciennes et dans la proportion de deux
« actions nouvelles pour cinq actions anciennes.

« Celles des nouvelles actions ainsi mises à la disposition des posses-
« seurs des anciennes qui ne seraient pas souscrites par eux seront aliénées
« à la Bourse de Paris, par les soins et aux époques fixées par le Conseil
« d'administration.

« Elles ne pourront être vendues au-dessous du pair.

## ART. 7.

« Le montant des 240,000 actions anciennes a été régulièrement versé
« du 1er au 15 janvier 1855.

« Le montant des 96,000 actions nouvelles de 500 francs sera payable à
« Paris, comme suit :

« 250 francs par action en souscrivant ;

« 125 francs, du 2 au 10 janvier 1857 ;

« 125 francs, du 2 au 10 juillet 1857.

« Les actions pourront être entièrement libérées par anticipation, sous
« bonification de 5 pour 100 d'intérêt, depuis le jour du payement anticipé
« jusqu'aux derniers délais pour les payements à effectuer.

« Les anciennes actions seront admises en paiement des nouvelles.

« Celles qui n'auront pas reçu cette affectation pourront être ultérieure-
« ment converties en titres nouveaux sur le pied de 5 actions de 100 francs
« pour une de 500 francs.

« Les nouvelles actions porteront la jouissance du 1er juillet prochain,
« c'est-à-dire que le premier coupon d'intérêt ne sera payable que le
« 1er janvier 1857. »

Il sera ajouté à l'article 14 un paragraphe qui deviendra le premier, et
qui sera ainsi conçu :

« Les actions de 100 francs au porteur sont échangeables, à la volonté
« des porteurs, contre des actions de 500 francs.

« Les actions de 100 francs données en paiement des nouvelles, ou con-
« verties en vertu du paragraphe précédent, seront annulées et ne pourront
« être reconstituées. »

5

L'article 15 sera rédigé ainsi qu'il suit :

« Chaque action donne droit dans la propriété de l'actif social et, dans
« le partage des bénéfices, à une part proportionnelle à son capital; néan-
« moins, et jusqu'à l'époque fixée pour la libération complète des actions
« nouvelles, il ne sera réparti qu'un intérêt de 5 pour 100 sur les verse-
« ments effectués tant sur les anciennes que sur les nouvelles. »

L'article 24 sera rédigé ainsi qu'il suit :

« Chaque Administrateur doit, dans la huitaine de sa nomination, déposer
« dans la Caisse de la Société 50 actions de 500 francs, qui resteront
« inaliénables pendant la durée de ses fonctions. »

Le premier paragraphe de l'article 33 sera rédigé ainsi qu'il suit :

« Le Conseil a les pouvoirs les plus étendus pour l'administration des
« affaires sociales; il fait, consent ou autorise par ses délibérations tous les
« actes rentrant dans l'objet de la Société, aux termes de l'article premier
« ci-dessus, notamment l'acquisition, la vente ou l'échange de tous immeu-
« bles, tous baux et locations, toutes constructions et autres travaux, tous
« devis, marchés, traités, compromis, transactions et subrogations ;

« Tous désistements d'hypothèque, privilége et action résolutoire, par-
« tielle ou définitive, toutes mainlevées d'oppositions, saisies et inscrip-
« tions, le tout avec ou sans paiement ;

« Tout transfert de rentes et effets publics, tous achats et ventes d'ob-
« jets mobiliers ;

« Tout retrait de fonds, tous paiements ou recettes de prix d'immeubles,
« soultes et autres, avec toute faculté de donner ou retirer quittance. »

Le surplus comme audit article.

La rédaction des paragraphes suivants des articles 39, 45, 47 et 51
recevra les modifications suivantes :

### ART. 39.

Paragraphe 1er. « L'Assemblée générale se compose de tous les titu-

« laires ou porteurs de 100 actions de 100 francs ou de 20 actions de
« 500 francs. »

### Art. 45.

Paragraphe 2. « Chacun d'eux a autant de voix qu'il possède de fois
« 100 actions de 100 francs ou 20 actions de 500 francs, sans que per-
« sonne puisse avoir plus de cinq voix. »

### Art. 47.

Paragraphe 5. « Elle délibère, dans les conditions prescrites par l'article 45,
« sur les propositions du Conseil relatives à tous emprunts, avec ou sans
« affectation hypothécaire. »

### Art. 51.

Paragraphe 2. « Le premier exercice comprendra le temps écoulé entre
« la date du décret approuvant les présents Statuts et le 31 décembre 1857. »
L'article 55 actuel sera remplacé par la rédaction suivante :

### Art. 55.

L'Assemblée générale peut, sur l'initiative du Conseil d'administration, et
sauf l'approbation du Gouvernement, apporter aux présents Statuts les modifications reconnues utiles.

Elle peut notamment autoriser :

1° L'augmentation du capital ;

2° La prolongation ou la dissolution anticipée de la Société.

Dans ces divers cas, les convocations doivent contenir l'indication som-
maire de l'objet de la réunion, et les résolutions de l'Assemblée ne seront
valables qu'autant qu'elles auront été votées à la majorité des deux tiers des
voix des membres présents.

Le nombre des membres devra être de trente au moins, représentant le
quart du fonds social.

5° Les pouvoirs les plus étendus sont donnés par l'Assemblée générale aux membres du Conseil d'administration, avec faculté de se substituer un ou plusieurs d'entre eux à l'effet de passer acte authentique des modifications qui viennent d'être indiquées, d'en demander l'approbation au Gouvernement, d'y consentir ou proposer tous changements ou additions, de refondre l'ensemble des Statuts, de faire toutes publications et insertions exigées par la loi, et généralement de faire tout ce qui sera nécessaire pour établir régulièrement les changements dont il s'agit.

# COMPAGNIE

## DE L'HOTEL ET DES IMMEUBLES DE LA RUE DE RIVOLI.

# RAPPORT

## A L'ASSEMBLÉE GÉNÉRALE DU 23 JUIN 1857.

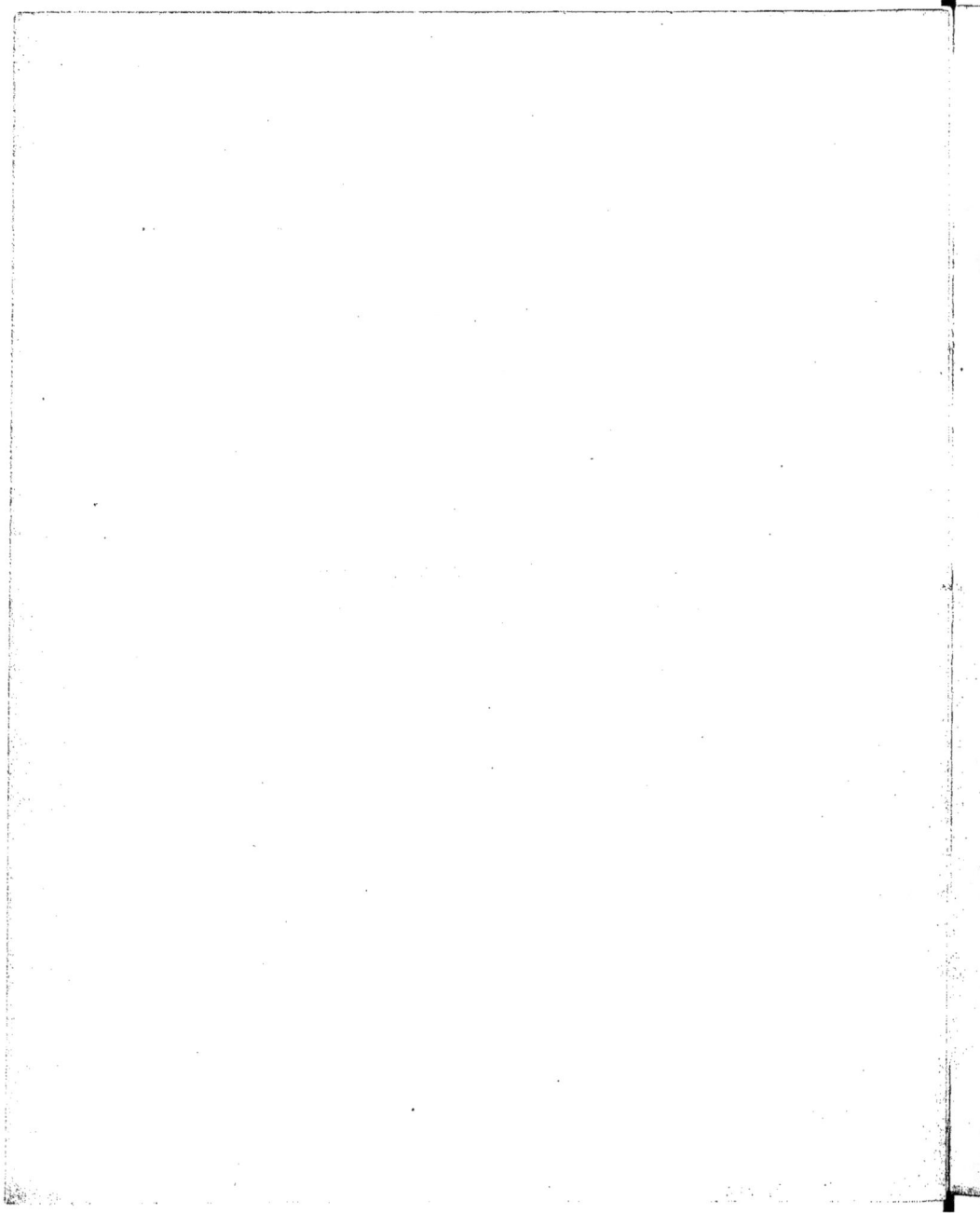

# COMPAGNIE

## DE L'HOTEL ET DES IMMEUBLES DE LA RUE DE RIVOLI.

# RAPPORT

PRÉSENTÉ

## PAR LE CONSEIL D'ADMINISTRATION

### Dans l'Assemblée générale ordinaire des Actionnaires du 23 juin 1857.

### PRÉSIDENCE DE M. E. PEREIRE.

MESSIEURS,

A notre dernière assemblée générale, nous vous avons rendu compte de la marche des constructions entreprises par notre Compagnie et des premières locations que nous avions faites.

Pendant l'année qui vient de s'écouler, les immeubles qui, au mois de juin dernier, étaient encore, pour une partie, dans la période de construction, ont été complétement achevés, et nous venons aujourd'hui vous soumettre une situation qui vous permettra d'apprécier les résultats positifs déjà obtenus et les développements que nous sommes en position de leur donner.

Les treize immeubles que nous avons fait élever rue de Rivoli, pour être affectés à des locations particulières, ont été entièrement achevés, comme nous venons de le dire, dans le cours de l'année dernière.

Le prix de la construction de ces immeubles, joint au prix d'achat des terrains, s'élève, pour l'ensemble, à la somme de 8,596,715 francs.

Les locations réalisées s'élèvent à 706,550 francs ; celles à faire, à 46,600 francs : ensemble 753,150 francs.

Dans les appréciations que nous vous avons communiquées l'an dernier, nous portions à 810,000 francs le produit des locations de ces immeubles.

La différence entre le chiffre de notre estimation première et celui de la réalisation effective s'explique notamment par la difficulté de repeupler de suite en entier un quartier dont les démolitions avaient expulsé tous les anciens locataires, et qui, par la nature des constructions nouvelles, devait être affecté à l'habitation d'une classe de la société absolument différente de l'ancienne, et aussi par ce fait inévitable de la concurrence que nous nous sommes faite à nous-mêmes, et qui résultait de l'agglomération, sur un seul point, d'une quantité d'appartements simultanément à louer.

En présence de ces difficultés, nous avons cru devoir faire quelques sacrifices ; nous avons consenti des baux à des prix inférieurs à ceux que nous aurions dû obtenir, mais en ayant soin de ne lier notre Compagnie que pour de courtes durées.

Le prix de revient de nos immeubles s'élevant à . . . . . . 8,596,000 fr.
et le revenu étant de . . . . . . . . . . . . . . . . . . . . . . . . . 753,150
ils donnent un intérêt de 8 fr. 75 p. 0/0. Ce revenu, grâce à la loi qui nous exempte d'impôts pendant trente ans, et eu égard à cette circonstance, que nos locations sont généralement faites à des prix relativement bas, ne doit subir que d'insignifiantes réductions pour être ramené à un produit net.

En d'autres termes, Messieurs, ces immeubles ont acquis aujourd'hui une plus-value considérable, plus-value qu'il est facile de calculer en se reportant au taux des ventes dans Paris. A 5 p. 0/0, ils représenteraient plus de quatorze millions ; en admettant même que ce taux soit de 6 p. 0/0, ils représenteraient au moins douze millions et demi, c'est-à-dire une plus-value d'environ 4 millions, ou de 42 0/0 sur leur prix de revient.

L'hôtel d'Osmond n'a pas encore reçu une destination définitive; mais si nous n'en retirons qu'un revenu provisoire, en quelque sorte précaire, nous avons les plus sérieux motifs de croire que cet état de choses ne sera pas de longue durée. Déjà la ville de Paris a ouvert une enquête pour la suppression, au moins partielle, de la rue Basse-du-Rempart, et divers projets sont à l'étude pour faire cesser un état de choses nuisible à l'aspect d'un des plus beaux quartiers de Paris. Quel que soit le projet adopté, nous pouvons, dès à présent, vous dire qu'il aura pour effet inévitable d'ajouter considérablement à la valeur de l'hôtel d'Osmond.

Le grand hôtel du Louvre comprend deux sortes de produits :

La location des boutiques;

L'exploitation de l'hôtel.

Les locations de boutiques déjà faites s'élèvent à.......  251,400 fr.

Celles à faire à...............................  30,000

Le produit total...............................  281,400

est inférieur à la somme que nous espérions obtenir. Cette infériorité est due aux mêmes causes que nous avons signalées à l'occasion des autres immeubles de notre Compagnie.

Si ces causes ont déçu nos calculs, et momentanément réduit le chiffre de nos locations, nous devons constater que les boutiques des galeries de la rue de Rivoli sont aujourd'hui l'objet d'une faveur toute particulière, par suite du développement de la clientèle du Grand Hôtel du Louvre. Au moment où ce magnifique quartier de la rue de Rivoli était encore privé d'habitants, l'ouverture du Grand Hôtel du Louvre lui a imprimé un mouvement de vitalité qui s'est fait ressentir dans un rayon très-étendu, et n'a pas médiocrement contribué à la location de nos autres immeubles.

Nous avons déjà été dans le cas de constater ce fait par deux vacances qui se sont produites dans les galeries : le renouvellement de location s'est effectué à des prix supérieurs à ceux de la location primitive.

6

L'exploitation proprement dite de l'hôtel, pendant l'année 1856, a donné les résultats suivants :

| | NOMBRE de VOYAGEURS. | LOGEMENT et SERVICE. | | RESTAURANT et ACCESSOIRES. | | TOTAUX. | |
|---|---|---|---|---|---|---|---|
| Janvier............ | 7,068 | 47,729 | 80 | 57,505 | 85 | 105,235 | 65 |
| Février........... | 8,356 | 59,309 | 52 | 67,384 | 83 | 126,694 | 35 |
| Mars............. | 11,692 | 87,342 | 66 | 88,313 | 81 | 175,656 | 47 |
| Avril............. | 13,070 | 90,846 | 52 | 91,456 | 71 | 182,303 | 23 |
| Mai.............. | 15,961 | 102,308 | 53 | 110,942 | 34 | 213,240 | 87 |
| Juin ............. | 15,008 | 94,401 | 57 | 102,993 | 54 | 197,395 | 11 |
| Juillet............ | 13,333 | 81,192 | 59 | 91,116 | 57 | 172,309 | 16 |
| Août............. | 15,678 | 97,745 | 46 | 112,326 | 94 | 201,072 | 40 |
| Septembre........ | 16,937 | 109,567 | 68 | 129,365 | 01 | 238,932 | 09 |
| Octobre .......... | 16,076 | 105,094 | 98 | 120,769 | 88 | 225,864 | 86 |
| Novembre ........ | 11,901 | 78,349 | 16 | 96,254 | 01 | 174,603 | 17 |
| Décembre......... | 10,589 | 70,332 | 19 | 87,783 | 04 | 158,115 | 23 |
| | 155,669 | 1,024,210 | 06 | 1,156,212 | 53 | 2,180,422 | 59 |

Sur cette recette brute, le bénéfice net s'élève à la somme de 781,000 fr.

Malgré l'inexpérience et les tâtonnements inhérents au début d'une entreprise de cette nature; malgré l'absence de toute clientèle, et malgré la cherté exceptionnelle de tous les objets de consommation, l'hôtel a donc, dès la première année de son exploitation, été susceptible d'un revenu total de plus de 1,060,000 francs.

280,000 francs pour les boutiques;

780,000 francs pour l'exploitation. Ce revenu présente environ 8 p. 0/0 de son prix de revient.

Même bornée à ces premiers résultats, l'opération serait déjà avantageuse; mais le rapprochement de quelques chiffres ne permet pas de supposer que ce revenu ait atteint sa limite normale.

Le tableau que nous avons mis sous vos yeux vous a montré dans les recettes brutes une augmentation incessante. Si la recette du mois de janvier 1856, résultant en quelque sorte d'une administration inhabile, n'était que de............................ 105,235 fr. 65 c.
celle de février, se ressentant déjà d'une direction
intelligente, s'élève à........................ 126,694    35
celle de mars à.............................. 175,656    47
et, pendant tout le cours de l'année, l'augmentation continue, et la recette ne trahit que par d'insensibles temps d'arrêt les mois de morte-saison.

Ce premier aperçu des progrès de notre exploitation reçoit une consécration plus évidente encore par un autre examen.

Le bénéfice net s'élève, pour toute l'année, à... 781,704 fr. 41 c.

Ce bénéfice se répartit ainsi :

| | | |
|---|---:|---:|
| Janvier................................. | 13,707 | 29 |
| Février........ .................... | 39,166 | 85 |
| Mars................................... | 68,219 | 11 |
| Avril.................................. | 64,702 | 92 |
| Mai.................................... | 82,025 | 73 |
| Juin................................... | 73,584 | 58 |
| Juillet................................ | 57,450 | 61 |
| Août.................................. | 81,525 | 67 |
| Septembre............................. | 104,094 | 23 |
| Octobre............................... | 90,191 | 95 |
| Novembre.............................. | 61,129 | 45 |
| Décembre. ........................... | 45,906 | 02 |

Ces chiffres sont notablement dépassés dans l'exercice courant.

Voici, en effet, la comparaison des recettes brutes des premiers mois des années 1856, 1857 :

|  | 1856. | 1857. | EXCÉDANT EN 1857. |
|---|---|---|---|
| Janvier............... | 105,235 65 | 166,082 55 | 60,846 90 |
| Février............... | 126,694 35 | 172,495 53 | 45,801 18 |
| Mars................. | 175,656 47 | 197,009 .70 | 21,353 23 |
| Avril................ | 182,303 23 | 226,194 42 | 43,891 19 |
| Mai.................. | 213,240 87 | 250,267 85 | 37,026 98 |
|  | 803,130 57 | 1,012,050 05 | 208,919 48 |

Le total de la recette nette des cinq premiers mois donne les résultats comparatifs suivants :

| 1856. | 1857. | EXCÉDANT EN 1857. |
|---|---|---|
| 267,821 90 | 333,552 84 | 65,730 94 |

L'agmentation du revenu net est donc, pour les cinq premiers mois de 1857, de 65,730 fr. 94 c., ou de 24,54 p. 0/0. Si elle continue sur cette base, le produit net de l'exploitation serait, pour l'année, de        972,000 fr.

Somme qui, jointe à celle de....................        281,000

montant de la location des boutiques, donnerait un produit net total de.................................. 1,253,000 ou de 9,17 p. 0/0 du capital employé à l'établissement de l'hôtel.

Ce résultat nous permet de dire, Messieurs, que le but que nous poursuivions en créant l'Hôtel du Louvre est dès aujourd'hui atteint.

D'une part, le succès de cette entreprise, difficile par sa grandeur même, est assuré ; d'autre part, le quartier que nous avons reconstruit en entier a reçu un principe de vie qui, sans l'Hôtel du Louvre, lui aurait probablement fait défaut pendant des années. La totalité de nos immeubles a acquis une plus-value qu'elle doit en grande partie à l'existence de l'hôtel du Louvre, et que certainement elle n'aurait pas encore obtenue si, au lieu d'un établissement pareil, nous eussions créé des maisons affectées seulement à des locations particulières. Les 155,669 voyageurs que l'hôtel a appelés l'an dernier dans ce quartier, et qui, cette année, s'élèveront à près de 200,000, sont une clientèle d'acheteurs qui se renouvelle sans cesse, et qui assure le succès des magasins bien administrés qui s'établiront dans son voisinage. Dès que le Ministère d'Etat et le Ministère de l'Intérieur seront établis en face de notre hôtel et de nos immeubles, cette clientèle s'accroîtra encore dans une notable proportion.

Jusqu'au 31 décembre dernier, nous n'avons pu connaître le chiffre certain de la dépense qu'entraîneraient toutes nos constructions ; aussi les situations que dans nos précédents Rapports nous avons mises sous vos yeux étaient provisoires, et les sommes qui y figuraient pouvaient être augmentées par les nécessités imprévues de tout achèvement de travaux. Nos comptes arrêtés au 31 décembre dernier, que nous allons vous soumettre, ont un caractère définitif.

## Au 31 décembre dernier notre Actif comprenait :

| | | |
|---|---|---|
| Mobilier des bureaux............................................. | 4,405 | » |
| Grand Hôtel du Louvre........ { Terrains........ / Constructions... } .............. | 11,316,327 | 15 |
| Ameublement................... | 2,342,501 | 09 |
| Immeubles de la rue de Rivoli... { Terrains........ / Constructions... } ............. | 8,596,715 | 52 |
| Hôtel d'Osmond................................................ | 1,899,367 | 34 |
| Grand Hôtel du Louvre. Son compte courant.................... | 713,395 | 11 |
| Divers......................................................... | 68,965 | 50 |
| Divers acquéreurs.............................................. | 935,281 | 12 |
| Société générale de Crédit mobilier........................... | 185,521 | 28 |
| Caisse........................................................ | 1,526 | 98 |
| Loyers à recevoir............................................. | 197,500 | » |
| Compte de premier établissement............................... | 1,084,739 | 08 |
| | 27,346,245 | 17 |

## Notre Passif se divisait de la manière suivante :

| | | |
|---|---|---|
| Capital social | 24,000,000 | » |
| Retenue de garantie sur divers | 593,428 | 35 |
| Restant à payer aux époques fixées par les contrats | 1,895,163 | 31 |
| Mandats à payer | 293,230 | » |
| Loyers à payer par anticipation | 99,100 | » |
| Solde du Compte de Profits et Pertes | 465,323 | 51 |
| | 27,346,245 | 17 |

### Le compte Profits et Pertes était composé ainsi qu'il suit :

| | | | | |
|---|---|---|---|---|
| Réalisation de ventes de terrains | 409,371 | » | | |
| Intérêts dus par les acquéreurs | 74,814 | 73 | | |
| — sur comptes courants | 37,981 | 56 | | |
| Produit des locations | 555,404 | 80 | | |
| Produit de l'exploitation de l'hôtel | 781,704 | 41 | | |
| TOTAL | | | 1,859,276 | 50 |

### Dont il faut déduire :

| | | | | |
|---|---|---|---|---|
| Intérêt à 5 p. % payé aux actions | 1,200,000 | » | | |
| Courtage | 12,700 | » | | |
| Divers | 9,483 | 09 | | |
| Intérêts sur le prix des immeubles | 97,325 | » | | |
| Frais généraux | 74,444 | 90 | | |
| | | | 1,393,952 | 99 |
| | | | 465,323 | 51 |

Vous voyez, Messieurs, que dans ce compte de profits et pertes le produit des locations ne figure que pour une somme de 555,404 fr. 80 c. dont 206,337 fr. 50 c. pour l'hôtel, et 349,067 fr. 30 c. pour les immeubles.

L'infériorité de ce chiffre, relativement au chiffre total des locations achevées aujourd'hui (957,000 fr.), est due à ce que pendant l'année 1856 la plupart des locations n'ont été faites que successivement, et que, pour les boutiques surtout, la perception des loyers ne commence que quelque temps après la conclusion des baux.

En prenant pour l'exercice courant le produit des locations tel qu'il résulte des prix et des époques à dater desquelles elles seront dues, le produit total de cette année sera d'au moins 900,000 fr. Ce chiffre devra être atténué par les ventes que nous avons déjà faites et par celles que nous comptons réaliser; mais le résultat final n'en sera pas diminué; il devra s'augmenter au contraire du bénéfice relativement plus élevé que nous réaliserons sur les ventes. En prenant toutefois pour base cette différence du produit des locations perçues, on trouve au profit de 1857 un boni de 345,000 fr.

Le compte de profits et pertes, vous venez de le voir, Messieurs, présente, après le payement de l'intérêt à 5 p. 0/0 sur nos actions, un solde créditeur disponible de 465,323 fr. 51 c.

Nous devons, aux termes des Statuts, mettre à la réserve 240,000 fr.; il reste disponible une somme de 225,323 fr. 51 c., sur laquelle nous vous proposons de prélever un dividende de 0 fr. 90 c. par action, soit 216,000 fr., et de porter le surplus (9,323 fr. 51 c.) à l'exercice 1857.

Si vous approuvez cette proposition, les 0 fr. 90 c., solde du dividende de l'exercice 1856, seront payés le 1er juillet prochain avec le premier à-compte du dividende de l'exercice 1857, fixé à 2 fr. 50 c. Vous aurez ainsi à recevoir une somme de 3 fr. 40 c. par action.

Notre Compagnie, ayant construit les immeubles de la rue de Rivoli et le Grand Hôtel du Louvre, a accompli la tâche qu'elle s'était imposée;

mais là ne doivent pas s'arrêter ses efforts. Les résultats que lui assurent ces premières opérations ne constituent à nos yeux qu'un moyen de réaliser la pensée qui a présidé à sa formation.

Propriétaire d'immeubles en plein rapport, d'une valeur exceptionnelle tant par la beauté de leur construction que par les avantages de leur situation, notre Société doit rechercher des échanges immobiliers qui lui permettent de porter son industrie et ses capitaux sur des terrains qui, n'ayant pas encore acquis toute leur valeur, peuvent être fécondés par des travaux d'ensemble, et de concourir à l'embellissement de Paris en abrégeant la période transitoire, quelquefois très-longue, que les nouveaux quartiers ou les nouveaux percements sont obligés de subir, lorsqu'ils n'ont pour se développer ou se compléter que le concours de propriétaires ou d'entrepreneurs isolés.

Dans cette pensée notre Compagnie a acquis, en partie par voie d'échanges, de vastes terrains situés dans l'avenue des Champs-Élysées et sur lesquels le Jardin-d'Hiver se trouve construit.

Vous connaissez, Messieurs, la situation de ces terrains sur la plus magnifique avenue de Paris, et à l'angle d'une rue qui, par les percements projetés dans le quartier de Chaillot, va acquérir une grande importance.

Nous n'avons pas besoin de vous dire que le Jardin-d'Hiver proprement dit sera démoli ; la grande valeur que les terrains sur lesquels il est construit ont acquise ne permet pas de conserver cette première affectation. Les constructions qui vont s'élever sur ces terrains, soit directement par nous, soit par les acquéreurs auxquels nous serons dans le cas de les céder à des prix avantageux, ainsi que des négociations, nous permettent de vous le dire comme une chose certaine, concourront au développement de ce quartier qui est l'objet d'une sollicitude toute spéciale de la part de l'Administration municipale.

Permettez-nous de ne pas empiéter sur les résultats qui se rapportent à l'exercice 1857 et appartiennent au compte que nous aurons à vous rendre

7

l'année prochaine. Nous ne pourrions vous exposer nos projets, ni sur ce point ni ailleurs, sans nuire aux intérêts de votre Compagnie ; il nous suffira de vous dire que le prix auquel nous avons vendu trois de nos maisons en échange de ces terrains, nous laisse un bénéfice raisonnable, et que depuis que les terrains des Champs-Élysées sont entre nos mains, il nous en a déjà été offert des prix qui nous laisseraient un notable profit, et que cependant nous n'avons pas acceptés, convaincus que nous sommes d'en obtenir de plus avantageux.

Vous avez approuvé l'an dernier un projet de modification de Statuts tendant à élever le chiffre de notre fonds social de 24 à 72 millions.

Les circonstances financières que nous avons traversées depuis ce vote nous ont engagés, d'accord avec M. le Ministre des travaux publics, à ajourner la réalisation de ce projet. Depuis quelque temps l'examen administratif en a été repris à notre demande, et nous espérons obtenir une solution favorable.

En résumé, Messieurs, dans l'année qui vient de s'écouler, malgré l'état incomplet de nos locations qui forment la base principale de nos revenus, nous avons pu réaliser un produit net de 5 fr. 90 c. par action de 100 fr., soit environ 6 p. 0/0, en laissant à la réserve une somme de 240,000 fr., plus un appoint de 9,323 fr. 51 c. que nous avons reporté à l'exercice suivant.

D'après l'exposé qui précède, vous avez vu que, pour l'exercice courant, les locations faites représentent, relativement à l'année dernière, un supplément de revenu net de 345,000 fr. et que les profits réalisés sur l'exploitation de l'hôtel pendant les cinq premiers mois de 1857, permettent d'évaluer à 20 p. 0/0 au moins, c'est-à-dire à 156,000 fr. l'accroissement des bénéfices de cette exploitation pour l'année.

Vous voyez, Messieurs, que l'exercice courant se présente sous des auspices favorables.

Dans l'année qui vient de s'écouler il s'est fait deux vides dans le sein du Conseil d'administration de notre Compagnie : l'un par la démission de M. Place, et l'autre par le décès de M. Charles Seguin, dont la haute intelligence et la constante application avaient rendu à notre Société les plus utiles services. Nous avons provisoirement appelé à les remplacer M. Vavin, ancien conseiller municipal de la ville de Paris, et M. Lebey, propriétaire. Vous aurez, Messieurs, aux termes des Statuts, à vous prononcer sur l'élection définitive de nos deux nouveaux collègues.

# RÉSOLUTIONS.

1° A l'unanimité, l'Assemblée générale approuve les comptes qui lui ont été présentés, arrêtés au 31 décembre 1856;

2° A l'unanimité, l'Assemblée générale décide qu'il sera payé le 1er juillet, à titre de dividende complémentaire de l'exercice 1856, une somme de 90 c. par Action;

3° A l'unanimité, l'Assemblée générale nomme membres du Conseil d'administration MM. Vavin et Lebey, en remplacement de MM. Place et Ch. Seguin.

# COMPAGNIE

## DE L'HOTEL ET DES IMMEUBLES DE LA RUE DE RIVOLI.

# RAPPORT

## A L'ASSEMBLÉE GÉNÉRALE DU 23 JUIN 1858.

# COMPAGNIE

## DE L'HOTEL ET DES IMMEUBLES DE LA RUE DE RIVOLI.

# RAPPORT

PRÉSENTÉ

## PAR LE CONSEIL D'ADMINISTRATION.

Dans l'Assemblée générale ordinaire des Actionnaires du 23 juin 1858.

**PRÉSIDENCE DE M. E. PEREIRE.**

MESSIEURS,

Notre assemblée générale annuelle n'ayant pu avoir lieu sur une première convocation, par suite du dépôt d'un nombre d'actions insuffisant pour valider ses délibérations, nous avons différé la nouvelle convocation jusqu'à l'époque où nous pensions pouvoir vous faire connaître le résultat de la demande en modification de vos statuts, que vous aviez votée il y a deux ans, ainsi que la solution de diverses questions importantes, telles que l'ouverture de la rue du Caire prolongée, l'approbation d'un percement de rue dans les terrains de l'ancien Jardin-d'Hiver et la mise à exécution des projets de la Ville touchant la suppression de la rue Basse-du-Rempart, et l'ouverture des rues en face de la rue de la Paix.

Nous allons vous exposer d'abord la situation des affaires de la Société, et vous entretenir des diverses questions qui s'y rattachent.

Nous vous parlerons ensuite des modifications de nos statuts.

### 1° *Opérations sociales.* — *Situation des affaires de la Société.*

Les bases de notre entreprise se sont considérablement élargies.

Elle comprend aujourd'hui :

Les immeubles de la rue de Rivoli ;

L'Hôtel du Louvre ;

Les terrains de l'ancien hôtel d'Osmond ;

Les terrains situés entre la rue Saint-Denis et le boulevard Sébastopol, sur le prolongement de la rue du Caire ;

Les terrains situés aux Champs-Elysées et provenant en grande partie du Jardin-d'Hiver.

Le point de départ de notre Société, l'objet pour lequel elle avait provisoirement été constituée, avait été la construction de l'hôtel et des immeubles de la rue de Rivoli que nous avions entreprise à la demande du Gouvernement, afin d'assurer, avant l'ouverture de l'Exposition universelle, l'achèvement de la rue de Rivoli. Ce but est aujourd'hui atteint, et l'opération a complétement réussi. Pour l'hôtel et pour les immeubles, nous n'avons plus qu'à nous occuper de l'exploitation. Nous allons pouvoir maintenant apporter tous nos soins à tirer le parti le plus convenable de nos autres immeubles.

Par la situation qu'ils occupent dans Paris, ils sont dans les meilleures conditions possibles, ou pour être aliénés en détail avec avantage, ou pour recevoir immédiatement des constructions dont la location est certaine.

Afin que vous puissiez mieux vous rendre compte de la situation de nos propriétés anciennes et nouvelles, nous avons fait dresser les plans spéciaux de nos immeubles bâtis et non bâtis; ces plans vous ont été distribués avant l'ouverture de la séance; ils vous permettront de suivre et de mieux apprécier les explications et les détails que nous allons vous fournir.

Nous devons, avant tout, vous faire connaître la situation de nos anciennes affaires; nous vous parlerons ensuite de nos nouvelles opérations, de celles qui intéressent le développement de notre Société.

## IMMEUBLES DE LA RUE DE RIVOLI.

Tous les immeubles que nous possédons dans cette rue, en dehors du Grand Hôtel du Louvre, sont loués, les appartements aussi bien que les boutiques.

Lors de notre dernière réunion, les locations réalisées s'élevaient à............................................... 706,550 fr.
et nous estimions à............................... 46,500 fr.
celles qui restaient à faire.

Aujourd'hui, la totalité de nos appartements et de nos boutiques est occupée, et le produit que nous avons obtenu a dépassé nos prévisions. Ce produit, si nous n'avions consenti aucune aliénation, s'élèverait à 770,550 fr., et dépasserait de 17,450 fr., ou de 2 1/2 p. 0/0 les évaluations que nous avions faites.

8

Les immeubles que nous possédons aujourd'hui, déduction faite de ceux que nous avons aliénés, présentent un chiffre de locations réalisées formant un revenu de........................... 597,000 fr. » c.

Et la partie de la dépense qui s'applique spécialement à ces mêmes immeubles monte à........ 6,592,783 fr. 20 c.

Le produit brut des locations réalisées représente donc environ 9 p. 0/0.

Ce revenu dépasse la moyenne du produit des maisons que nous avons construites, par la raison que nous avons vendu les immeubles ordinaires, et conservé ceux qui forment les angles des rues, et qui ont par là même un produit bien supérieur à celui de l'ensemble.

## HOTEL DU LOUVRE.

Le Grand Hôtel du Louvre présente deux branches distinctes de revenu :

La location des boutiques et le produit de l'exploitation de l'hôtel.

Toutes les boutiques de l'hôtel sont aujourd'hui louées. Le produit des locations s'élève à............................. 291,100 fr.

Dans nos évaluations de l'an dernier, ce chiffre n'était porté que pour................................. 281,000 fr.

C'est une augmentation de 3 p. 0/0.

La situation exceptionnelle de ces boutiques, la clientèle des nombreux voyageurs qui se succèdent dans l'hôtel, assurent à nos locataires un mouvement d'affaires important, et qui ne s'est presque pas ralenti pendant la crise.

L'exploitation de l'hôtel a produit de bons résultats, malgré la crise commerciale, qui, sévissant sur les Deux-Mondes, et particulièrement en Angleterre et aux Etats-Unis d'Amérique, a provoqué le départ d'un grand nombre d'étrangers.

Nos recettes brutes se sont accrues de 16 p. 0/0, et la proportion de la recette à la dépense est devenue plus avantageuse.

Ce double résultat prouve que notre service tend chaque jour à s'améliorer; la surveillance assidue de tous les détails, l'ordre apporté et maintenu dans toutes les branches de cette vaste exploitation, ont le double avantage d'accroître le nombre des voyageurs et de diminuer relativement nos frais. De grandes améliorations ont été déjà introduites; il y en a sans doute plusieurs encore à obtenir; notre directeur s'en préoccupe et y travaille constamment.

En définitive, le produit net de l'hôtel, qui s'était élevé en 1856
à . . . . . . . . . . . . . . . . . . . . . . . . . . . . . . . . . . . . . . . . . 781,704 fr. 41 c.
a atteint, en 1857. . . . . . . . . . . . . . . . . . . . . . . . . 912,552    06

Augmentation du produit net en 1857 . . . . . . . . .   130,847 fr. 65 c.

Ce résultat est remarquable à raison surtout des circonstances difficiles dans lesquelles il s'est produit.

En résumé, le Grand Hôtel du Louvre a produit en 1857 :

Pour la location des boutiques . . . . . . . . . . . . . .   25,0254 fr.   » c.
Pour l'exploitation, comme hôtel garni . . . . . . .   912,552    06
                                                                        _____
                        Total.  . . . . . . . . . . . .   1,166,577 fr. 06 c.

Dans ce relevé, le produit des locations n'est porté que pour 254,025 fr., parce que les boutiques n'ont été louées que successivement; les locations, aujourd'hui complétées, s'élèvent, ainsi que nous l'avons dit, à 291,100 fr.

## ANCIEN HOTEL D'OSMOND.

Depuis la formation de notre Société, l'hôtel d'Osmond est resté à peu près improductif. La location provisoire et révocable à court délai, à l'aide de laquelle nous l'avons temporairement utilisé, ne produisait qu'un faible intérêt du capital que nous avons consacré à son acquisition. Nous ne l'avions acheté, vous le savez, qu'en vue d'élever, sur le terrain qu'il occupait en façade sur le boulevard des Capucines, d'importantes constructions, et il ne pouvait recevoir cette nouvelle destination qu'à l'aide de la suppression de la rue Basse-du-Rempart.

Cette rue, qui a continué à exister au milieu du plus beau quartier de Paris, avec lequel elle est loin d'être en harmonie, forme le dernier vestige de l'ancienne enceinte, du rempart le long duquel les boulevards avaient été établis depuis la Bastille jusqu'à la Madeleine.

Aujourd'hui que ces anciennes limites de la Capitale en sont devenues le centre, il était indispensable de faire disparaître et les constructions et la différence de niveau qui formaient une disparate choquante avec les édifices environnants. Mais la suppression de la rue Basse se rattachait à un ensemble de projets dont la réalisation ne pouvait s'opérer qu'avec le concours de la ville de Paris et de l'Etat. Cette question a été tranchée par la loi du 28 mai 1858. A l'occasion de la présentation de ce projet au Corps Légis-latif, on a parlé de notre intervention dans l'exécution de la rue de Rouen et des voies qui s'y rattachent. Les adversaires de notre Compagnie y ont vu la réalisation d'un vaste monopole; plusieurs de nos actionnaires, au contraire, se sont effrayés des bruits que l'on faisait circuler; ils redoutaient pour nous les chances des décisions du jury. Nous avons laissé tomber, sans y répondre, les attaques dont nous avons été l'objet à cette occasion, et quant à ceux de Messieurs les actionnaires qui nous ont manifesté leurs craintes, il nous a été facile de les rassurer; nous n'avons jamais eu ni voulu avoir, dans la réalisation de ce projet, d'autre intérêt que l'utilisation des terrains de l'hôtel d'Osmond.

Les projets que l'on nous prêtait, nous n'avons jamais songé à les réaliser; nous n'avons pas voulu, dans des affaires aussi considérables, nous substituer à la ville de Paris et courir les risques des décisions du jury.

Notre situation, dans cette affaire, est plus modeste, mais plus sûre que celle que l'envie ou la crainte nous avait faite. Nous n'avons d'autre intérêt à l'établissement de la rue de Rouen et à l'exécution des autres percements ordonnés par la loi du 28 mai 1858 que l'avantage de voir, enfin, après une longue attente, la mise en valeur d'un immeuble qui appartient à notre société depuis sa fondation.

Le projet relatif au percement de la rue de Rouen et à la suppression de la rue Basse-du-Rempart est mis aux enquêtes depuis le 12 juin.

Il comprend, conformément au plan qui est en vos mains, l'ouverture, en face de la rue de la Paix, d'une vaste place, et, au fond de cette place, de deux rues se dirigeant, l'une vers la rue du Havre, l'autre vers celle de la Chaussée-d'Antin, à sa jonction avec la rue Neuve-des-Mathurins.

Les terrains de l'hôtel d'Osmond ont une superficie de 3,400 mètres avec façades de 35 mètres sur le boulevard, et de 74 mètres, sur la rue, se dirigeant vers la Chaussée-d'Antin.

Veuillez, Messieurs, vous rappeler que le prix d'acquisition de cet hôtel est de moins de 1,900,000 fr., c'est-à-dire de 560 fr. le mètre; vous apprécierez le bénéfice que doit nous procurer cet immeuble, que cependant, à l'origine de notre Société, on avait cherché à présenter comme onéreux pour nous.

Des propositions nous sont déjà faites, soit pour la location des boutiques, soit pour celle des principaux étages, et cela dans le but de fonder sur cet emplacement, l'un des plus favorables de Paris, des établissements importants qui ont besoin de constructions établies d'après des plans arrêtés d'avance. Nous nous sommes refusés à tout engagement, à tout traité avant l'approbation régulière et définitive, par l'autorité municipale, du plan des voies publiques qui nous bordent. La position de cet immeuble ne nous permet pas de craindre que les locataires nous manquent jamais.

Telle est, Messieurs, la situation des premières opérations de notre Société. Celles dont il nous reste à vous rendre compte appartiennent à la seconde phase de son existence.

## TERRAINS DES CHAMPS-ÉLYSÉES.

Nous sommes devenus propriétaires des terrains du Jardin-d'Hiver, d'une surface de 16,750 mètres, moyennant une somme de 3,000,000 fr., dont nous nous sommes acquittés en donnant, à titre d'échange, trois immeubles situés rue de l'Echelle, n° 3, rue de Rivoli, nᵒˢ 180 et 184, et en payant, à titre de soulte, 800,000 fr.

Nous avons pensé que le meilleur emploi de ce vaste terrain consistait dans le percement d'une rue rattachant le faubourg Saint-Germain à l'avenue des Champs-Élysées.

Le Jardin-d'Hiver était entouré de masures, de passages étroits qui vont disparaître, aboutissant tous à l'avenue Montaigne, et de terrains vagues dépréciés par un tel voisinage. Notre projet aura pour résultat de régulariser ce quartier, qui devient l'un des plus recherchés pour les hôtels et les habitations de luxe, en raison de sa contiguïté avec les grandes promenades de Paris.

L'autorité municipale s'est empressée d'accepter nos propositions, et un traité a été conclu avec la Ville; nous déposons sur le bureau l'expédition du contrat notarié qui le consacre. Il restera, comme tous ceux de même nature, dans nos bureaux, à la disposition de ceux de nos actionnaires qui désireront en prendre connaissance.

En vertu de ce traité, nous nous sommes engagés à ouvrir une rue entre l'avenue des Champs-Élysées et l'avenue Montaigne, en face de la rue qui s'ouvre dans le quartier de François I<sup>er</sup>, à partir du pont des Invalides, et qui doit se continuer dans Chaillot, presque parallèlement à l'avenue des Champs-Élysées, jusqu'à l'arc de l'Étoile.

Le plan de la rue et du lotissement vous a été distribué.

La ville de Paris se charge des dépenses de viabilité et nous paye une somme de 250,000 fr. pour le prix du sol de la rue, tant sur les terrains de l'ancien Jardin-d'Hiver que sur celui des propriétés voisines, jusqu'à son point de jonction avec l'avenue Montaigne.

Les avantages réservés aux terrains en bordure sur la nouvelle voie étaient tellement évidents, que nous avons facilement traité avec presque tous les propriétaires dont les terrains étaient utiles à l'exécution de notre projet. Nous n'avons plus à acquérir que deux parcelles insignifiantes.

Le décret impérial approbatif du projet a été signé le 28 mai 1858.

L'enquête est ouverte depuis lundi dernier; nous allons être sous peu en mesure de procéder à l'expropriation des deux parcelles non acquises et à la régularisation des traités amiables que nous avons préparés avec les autres propriétaires.

En résumé, notre opération des Champs-Elysées porte aujourd'hui sur un ensemble de 21,154<sup>m</sup> 69, sans comprendre le terrain qui sera abandonné à la ville de Paris pour l'emplacement de la rue.

Ces terrains achetés comme terrains de fonds et en réalité vivifiés par le percement de la rue que nous ouvrons acquièrent, par ce seul fait, une plus-value qui fait de cette opération une affaire exceptionnelle.

Les ventes que nous avons déjà réalisées, et qui s'élèvent à un chiffre important, confirment cette appréciation.

## IMMEUBLES DE LA RUE DU CAIRE ET DU BOULEVARD DE SÉBASTOPOL.

Nous avons acquis un immeuble situé à Paris, entre les rues Saint-Denis et du Ponceau, moyennant une somme de 1,100,000 fr.; (nous avons donné en échange une maison rue de Rivoli, n° 178, et payé une soulte de 600,000 fr.)

Cet immeuble avait une longueur d'environ 80 mètres de la rue du Ponceau à la rue Saint-Denis; il avait des façades sur ces deux rues et s'étendait dans l'axe de la rue du Caire.

Nous avons offert à la ville de prolonger cette rue jusqu'au boulevard de Sébastopol et de lui abandonner le terrain nécessaire à des conditions d'échange et de soulte, dont le résultat a été, que la ville de Paris a complété les expropriations nécessaires à l'ouverture de la rue, nous a donné 745$^m$ 06 de terrain sur le boulevard de Sébastopol, moyennant l'abandon de 973$^m$ 24 de terrain sur l'emplacement de la rue du Caire et le payement que nous lui avons fait d'une somme de 100,000 fr.

Suivant ces arrangements, notre Société reste propriétaire de 2,652 mètres. De cette situation, indiquée sur le plan placé sous vos yeux, il résulte que notre propriété s'étend aujourd'hui sur toute la façade à droite de la nouvelle rue du Caire, entre la rue Saint-Denis et le boulevard de Sébastopol, sur une longueur de 85 mètres, que nous possédons une façade de 16 mètres sur le côté gauche de la même rue, à l'angle du boulevard de Sébastopol, plus, 40 mètres sur une nouvelle rue parallèle à la rue Saint-Denis; enfin, que nous avons 68 mètres de façade sur le boulevard de Sébastopol. Indépendamment de ces façades, nous possédons, comme l'indique le plan, un terrain d'angle sur la rue Saint-Denis, un terrain d'angle sur la rue du Caire et la rue transversale, et deux terrains d'angle sur le boulevard de Sébastopol.

Cette simple énonciation vous indique l'excellente situation de ces terrains. Nous ferons bâtir les portions qui ne seront pas vendues dans un bref délai. La location des constructions à des conditions avantageuses en est certaine. Déjà nous avons vendu une partie de ces terrains à des prix qui nous laissent un notable bénéfice.

## SITUATION FINANCIÈRE.

Nous allons maintenant vous présenter le résumé de la situation financière de notre Société.

9

## Au 31 Décembre dernier notre Actif comprenait :

| | | |
|---|---:|---|
| Grand Hôtel du Louvre. Terrains et Constructions............... | 11,481,328 | 80 |
| —                    Ameublement......................... | 2,447,912 | 88 |
| Immeubles de la rue de Rivoli. Terrains et Constructions.......... | 6,592,785 | 20 |
| Hôtel d'Osmond..................................... | 1,899,367 | 34 |
| Immeubles des Champs-Élysées........................... | 4,015,201 | 32 |
| d°    de la rue du Caire et du boulevard de Sébastopol........ | 1,432,000 | » |
| Divers débiteurs.................................... | 838,460 | 68 |
| Loyers à recevoir.................................... | 383,485 | » |
| Compte de 1er établissement............................ | 1,084,739 | 08 |
| Mobilier des Bureaux................................. | 4,405 | » |
| Caisse............................................ | 2,338 | 86 |
| | 30,182,024 | 16 |

## Notre Passif se divisait de la manière suivante :

| | | |
|---|---:|---|
| Capital social............................................... | 24,000,000 | » |
| Réserve ..................................................... | 240,000 | » |
| Société générale de Crédit Mobilier; s/compte courant.............. | 2,951,704 | 85 |
| Retenue de garantie sur divers................................ | 86,916 | 62 |
| Restant à payer aux époques fixées par les contrats ................ | 1,418,523 | 19 |
| Mandats à payer .............................................. | 607,548 | 90 |
| Loyers reçus par anticipation.................................. | 102,250 | » |
| Solde du compte Profits et Pertes .............................. | 775,080 | 60 |
| | 30,182,024 | 16 |

Le **Compte Profits et Pertes** était composé ainsi qu'il suit :

| | | |
|---|---:|---:|
| Solde de l'exercice 1856................................... | 9,323 | 51 |
| Produit des locations...................................... | 827,600 | » |
| Produit de l'exploitation de l'Hôtel .......................... | 912,552 | 03 |
| Intérêts dus par les Acquéreurs.............................. | 29,980 | » |
| Bénéfices sur les ventes d'Immeubles......................... | 500,000 | » |
| | 2,279,455 | 56 |

A DÉDUIRE :

| | | | | |
|---|---:|---:|---:|---:|
| Intérêts sur prix d'Immeubles et s/ comptes courants. | 159,749 | 21 | | |
| Frais généraux................................. | 144,625 | 75 | | |
| Intérêts payés aux actions ...................... | 1,200,000 | » | 1,504,374 | 96 |

| | | |
|---|---:|---:|
| RESTE........ | 775,080 | 60 |

Le bénéfice réalisé sur les immeubles de la rue de Rivoli donnés en échange de nos diverses acquisitions ne figure que pour 500,000 fr. dans le compte de Profits et Pertes.

Nous aurions pu grossir ce chiffre en élevant le prix de revient de nos nouveaux immeubles, et nous aurions dû le faire si nous avions pris pour base l'estimation donnée à ces immeubles par nos coéchangistes ou les calculs qui ont servi à la perception du droit d'enregistrement de nos contrats. L'augmentation de bénéfice qui en serait résultée aurait été de 300,000 fr.; mais nous avons cru que notre Compagnie, propriétaire, par le fait de ses nouvelles acquisitions, d'une grande masse de terrains, qui, jusqu'à leur aliénation ou à leur mise en valeur par des constructions, ne produiront pas d'intérêts, devait se montrer très-réservée dans l'estimation des profits qu'elle réalise par ces échanges, et en atténuer plutôt qu'en exagérer l'évaluation.

Si cette prudence diminue le chiffre des bénéfices de l'exercice 1857, et, par suite, celui du dividende, elle crée à la réserve une augmentation indirecte, dont nous recueillerons les fruits plus tard. Les avantages que nous obtiendrons, dans la revente de ces terrains, seront d'autant plus importants. — Déjà, dans les six premiers mois de 1858, nous devons à cette manière de procéder le résultat que la somme des bénéfices réalisés dans ce genre d'opérations s'élève à un chiffre supérieur à celui porté, au même titre, pour l'ensemble de l'exercice 1857.

Le solde du compte Profits et Pertes est de 775,000 francs, après prélèvement de l'intérêt à 5 p. °/₀ du capital social.

Sur ces 775,000 fr., nous vous proposons, aux termes des Statuts, de mettre à la réserve 240,000 fr., ce qui portera son chiffre à 480,000 fr.: de distribuer, à titre de dividendes, 1 fr. 50 c. par action, soit 360,000 fr.; et de porter le surplus, soit 175,000 fr., à l'amortissement du compte de premier établissement. De cette manière, le produit de chaque action de 100 fr. pour l'exercice de 1857 aura été de 6 fr. 50 c.; vous avez reçu 2 fr. 50 c. le 1er juillet, et 2 fr. 50 c. le 1er janvier dernier; vous aurez à recevoir le 1er juillet prochain 1 fr. 50 c., indépendamment de l'intérêt du premier semestre de 1858, soit 4 fr. par action.

En résumé, Messieurs, notre Compagnie, par l'achèvement complet de ses premières entreprises, a donné à ses opérations ultérieures une base solide et s'est en même temps créé, par l'hôtel et les immeubles qui lui restent rue de Rivoli, une somme de revenu qui, à défaut d'autres produits, pourrait largement suffire à couvrir l'intérêt de son capital.

En outre, et pour aborder les opérations qui constituent son développement normal, elle va mettre en valeur les trois grands et beaux immeubles quelle possède sur les points les plus importants et les plus recherchés de Paris.

Ces opérations seront pour nous la source de bénéfices dont vous êtes maintenant en mesure d'apprécier l'importance.

## 2° *Modifications des Statuts.*

Le Conseil d'État a statué, jeudi dernier, sur notre projet de modification des statuts. Mais des changements introduits par la section du commerce rendent nécessaires quelques observations de détail, que nous nous réservons de soumettre à M. le Ministre des Travaux publics avant l'homologation, qui sera très-prochaine.

En conséquence, nous ne sommes pas en mesure aujourd'hui de vous dire quelles sont les modifications qui seront définitivement apportées à nos Statuts primitifs; nous aurons à vous en parler lors de l'assemblée générale, qui devra être convoquée immédiatement pour statuer sur diverses questions financières qui ne peuvent être résolues aujourd'hui, par ce motif que les

Statuts de notre Société ne nous permettent pas de décider des questions étrangères à l'ordre du jour.

Dès à présent, et sans vouloir anticiper sur les attributions de cette future assemblée, nous vous ferons remarquer qu'il résulte des comptes qui vous ont été distribués qu'au 31 décembre dernier nous devions près de 3 millions de francs à la Société générale de Crédit mobilier; au 1er juillet prochain, cette somme s'élèvera à 5,500,000 fr.

Grâce à l'appui que nous prête cette Société, nous avons pu, en attendant l'homologation de nos nouveaux Statuts, entreprendre et suivre les opérations importantes dont nous venons de vous rendre compte.

Notre Compagnie, soit qu'elle veuille construire elle-même, soit qu'elle veuille simplement revendre ses terrains, a toujours besoin de capitaux importants; les immeubles qu'elle achète, elle les paye comptant, et les ventes de terrains qu'elle opère, surtout celles faites aux entrepreneurs, ne sont généralement payables qu'à long terme. Nous ne pouvons, dès lors, donner aucune suite à la mise en valeur de nos immeubles et entreprendre de nouveaux travaux sans nous être mis régulièrement en mesure d'y pourvoir, soit par voie d'émissions d'actions, soit par voie d'emprunt : c'est ce dernier mode qui probablement sera adopté par nous. Nous pouvons vous donner l'assurance que cette opération sera d'une réalisation facile : elle sera évidemment fructueuse, puisqu'elle réservera à nos actions l'intégralité des bénéfices et qu'elle ne nous grèvera, pour les intérêts et l'amortissement des capitaux ainsi mis à notre disposition, que d'une charge annuelle inférieure de beaucoup au revenu de nos propriétés bâties et à bâtir.

Si, par suite de la modification de nos Statuts, nous avons la faculté d'émettre de nouvelles actions, nous n'en userons que dans des limites très-restreintes, c'est-à-dire jusqu'à concurrence de six millions, et en réservant la préférence aux actionnaires actuels, dans la proportion des titres possédés par chacun d'eux.

Nous allons, ainsi que nous venons d'avoir l'honneur de vous le dire, convoquer une Assemblée générale extraordinaire spéciale, et nous vous ferons connaître, dans cette nouvelle réunion, les mesures qui auront été adoptées pour vos Statuts et les combinaisons destinées à assurer les voies et les moyens de la Compagnie. Nous nous sommes assurés, en attendant, du concours de la Société générale de Crédit mobilier pour la continuation des crédits nécessaires à la marche de notre entreprise.

Après la lecture de ce rapport, l'Assemblée a approuvé à l'unanimité les comptes de l'exercice 1857 et la fixation du dividende à 1 fr. 50 c. en sus de l'intérêt à 5 p. 0/0. En conséquence, le coupon à payer le 1ᵉʳ juillet prochain sera de 4 fr. par action.

Une somme de 240,000 fr. sera portée au compte de réserve, et 175,000 fr. seront consacrés à amortir le compte de premier établissement.

# COMPAGNIE IMMOBILIÈRE DE PARIS.

# RAPPORT

## A L'ASSEMBLÉE GÉNÉRALE EXTRAORDINAIRE DES ACTIONNAIRES

### DU 17 AOUT 1858.

10

# COMPAGNIE IMMOBILIÈRE DE PARIS.

# RAPPORT

PRÉSENTÉ

## PAR LE CONSEIL D'ADMINISTRATION

### DANS L'ASSEMBLÉE GÉNÉRALE EXTRAORDINAIRE DES ACTIONNAIRES

DU 17 AOUT 1858.

Présidence de M. Emile PEREIRE.

MESSIEURS,

Nos nouveaux Statuts ont été homologués par décret impérial du 29 juillet, et nous vous avons immédiatement convoqués en assemblée générale extraordinaire pour statuer, ainsi que nous vous l'avions annoncé dans notre rapport du 23 juin dernier, sur l'ensemble des voies et moyens nécessaires au développement de notre Société.

Nous devons, avant tout, vous rendre compte de l'usage que nous avons fait des pouvoirs que vous nous avez donnés pour arrêter, d'accord avec le Gouvernement, les modifications à apporter à nos Statuts.

Dans votre assemblée générale du 26 mai 1856, vous nous aviez autorisés à porter notre capital de **24** à **72** millions, au moyen de l'émission de nouvelles actions.

Les perturbations financières qui se sont produites depuis cette époque, nous ayant engagé à ne pas entreprendre de nouvelles affaires sur une grande échelle, nous n'avons pas cru devoir presser l'approbation des modifications à apporter à nos Statuts ; et lorsque, d'accord avec le Gouvernement, nous avons été dans le cas d'en poursuivre de nouveau l'homologation, nous avons limité à **48** millions le chiffre du fonds social que nous voulions constituer, ce qui comportait l'émission de **24** millions en actions nouvelles. C'est dans ces termes qu'au mois de juin dernier le conseil d'État statuait sur notre projet de modification.

Depuis cette époque, des arrangements pris avec la Société du Crédit foncier de France nous ayant démontré que nous pouvions donner à notre entreprise tous les développements qu'elle comporte, sans créer de nouvelles actions, nous avons renoncé à tout accroissement de capital par cette voie.

Nous vous avions fait pressentir en partie cette résolution dans notre dernier rapport, lorsque nous vous disions :

« Notre Compagnie, soit qu'elle veuille construire elle-même, soit qu'elle
« veuille simplement revendre ses terrains, a toujours besoin de capitaux
« importants ; les immeubles qu'elle achète, elle les paye comptant, et les
« ventes de terrains qu'elle opère, surtout celles faites aux entrepreneurs,
« ne sont généralement payables qu'à long terme ; nous ne pouvons, dès
« lors, donner aucune suite à la mise en valeur de nos immeubles et entre-
« prendre de nouveaux travaux sans nous être mis régulièrement en mesure
« d'y pourvoir, soit par voie d'émission d'actions, soit par voie d'emprunt ;
« c'est ce dernier mode qui, probablement, sera adopté par nous. Nous
« pouvons vous donner l'assurance que cette opération sera d'une réalisa-
« tion facile : elle sera évidemment fructueuse, puisqu'elle réservera à nos
« actions l'intégralité des bénéfices et qu'elle ne nous grèvera, pour les in-

« térêts et l'amortissement des capitaux ainsi mis à notre disposition, que
« d'une charge annuelle inférieure de beaucoup au revenu de nos pro-
« priétés bâties et à bâtir.

« Si, par suite de la modification de nos Statuts, nous avons la faculté
« d'émettre de nouvelles actions, nous n'en userons que dans des limites
« très-restreintes, c'est-à-dire jusqu'à concurrence de 6 millions. »

Les observations qui ont été faites au sein de l'assemblée, à l'occasion
de cet exposé, nous ayant démontré que, d'après les faits qui s'étaient produits dans les affaires depuis deux ans, une nouvelle création d'actions,
même limitée à 6 millions, ne pouvait avoir aucun résultat utile pour les
porteurs de nos anciens titres, nous avons déclaré au gouvernement que
nous conservions, sans aucune augmentation, notre fonds social primitif de
24 millions. C'est à ce chiffre qu'il reste fixé.

L'art. 1er de nos Statuts, réglant les attributions de notre Société, a été
modifié de la manière suivante :

« La Société a pour objet :

« 1° L'acquisition de terrains appartenant à l'État et à la ville de
« Paris, situés dans la rue de Rivoli, entre le passage Delorme et la rue
« des Poulies; et, en outre, l'acquisition d'un immeuble, situé rue Basse-
« du-Rempart, n° 8;

« 2° L'acquisition de terrains et immeubles nécessaires à l'ouverture
« d'une rue sur l'emplacement de l'ancien Jardin-d'Hiver, et d'une rue à
« établir entre la rue Saint-Denis et le boulevard de Sébastopol, dans le
« prolongement de la rue du Caire;

« 3° L'acquisition de terrains et immeubles appartenant à l'État ou à
« la ville de Paris, sur les voies publiques à établir en vertu de la loi du
« 28 mai 1858;

« 4° Toute construction à élever sur lesdits terrains ou sur ceux reçus
« en échange des bâtiments et des terrains de la rue de Rivoli ;

« 5° L'exploitation d'un ou de plusieurs hôtels garnis ou de toutes autres
« constructions élevées sur lesdits terrains ;

« 6° La location, l'échange et la revente de tous immeubles, terrains et
« bâtiments dépendant du fonds social ou pris en échange. »

Cette rédaction nouvelle ne permettait pas de conserver à notre Société
le titre de *Compagnie de l'Hôtel et des Immeubles de la rue de Rivoli;* puisque ces immeubles ne forment plus qu'une branche de notre entreprise.
Vous aviez décidé, il y a deux ans, que nous prendrions le titre de *Société
immobilière.* La limitation que nous avons adoptée pour notre capital, et
le cercle principal dans lequel nos affaires doivent désormais être renfermées, nous ont fait adopter la dénomination de *Compagnie immobilière de
Paris.*

Ce titre précise mieux que ne le faisait le premier nos opérations essen-
tielles. Si nous sommes dans le cas d'acquérir, hors de Paris, des immeubles par voie d'échange, ce ne sera que dans les limites où pourra
s'exercer, pour leur mise en valeur, la surveillance immédiate et constante
du Conseil, laquelle, pour rester efficace et sérieuse, doit plutôt se concen-
trer que s'étendre et se diviser.

La durée de notre Société était de trente années, dont quatre étaient déjà
écoulées. Cette durée est portée à 99 ans, ainsi que vous l'aviez voté au
mois de mai 1856. Nous avons dû tenir à cette disposition, qui était essen-
tielle. Les opérations de notre Société ne sont pas de la nature de celles qui
peuvent se liquider à court terme; la propriété immobilière comporte la
durée, la stabilité. Dans quelques années, nos actionnaires n'auraient pas
vu, sans une crainte fondée, s'approcher le terme de notre Société. L'in-
certitude du renouvellement et la possibilité d'une vente de propriétés importantes, dans un délai fixé, auraient frappé de dépréciation l'actif de notre

Société, et paralysé, longtemps avant l'époque de notre liquidation, les opérations de la Compagnie.

La prorogation à 99 ans de notre existence sociale donne à nos actions le caractère de placement stable que l'on recherche dans les immeubles. Nos actionnaires trouveront ainsi dans la possession de nos titres les avantages de la propriété, sans en avoir les inconvénients. Ils sont affranchis des ennuis de la gestion, des risques des non-valeurs, du retard dans la perception de leurs revenus, de frais d'enregistrement pour l'acquisition comme pour la vente, des lenteurs, des formalités et des frais qu'entraîne la réalisation d'immeubles possédés directement. Nos titres étant, à la volonté des actionnaires, au porteur ou nominatifs, ils sont ou mobiles comme le billet de banque, ou fixes comme le titre notarié.

Il faut ajouter à ces avantages que le capital de nos actions étant de 100 francs et pouvant être porté à 500 francs, cette disposition met la propriété foncière à la portée de toutes les fortunes; c'est une sorte d'assurance mutuelle qui associe une quantité importante d'immeubles de choix, qui établit une compensation entre les bonnes locations et les non-valeurs accidentelles, et qui, au moyen des réserves qui s'accumulent d'année en année, présente la garantie d'un revenu que les bénéfices provenant des ventes de terrain ou d'immeubles bâtis doivent incessamment accroître.

Telles sont, Messieurs, les modifications importantes apportées à nos Statuts : en même temps qu'elles répondent aux désirs que vous avez manifestés, elles élargissent la base des opérations de notre Société.

Le premier fruit de ces modifications sera pour nous la facilité plus grande qu'elles nous donnent de conclure avec le Crédit foncier de France, le traité d'emprunt auquel nous faisions allusion il y a quelques instants, et dont nous avons maintenant à vous entretenir.

Vous connaissez, Messieurs, le mécanisme des prêts du Crédit foncier; les sommes prêtées par cette Société sont remboursables par annuités qui comprennent l'intérêt de la somme prêtée, l'amortissement et un droit de commission, de telle sorte qu'après une certaine durée, qui peut varier au gré de l'emprunteur, de dix à cinquante ans, la propriété grevée est libérée par le seul fait du payement régulier de l'annuité.

Ce mode de prêts évite aux emprunteurs les remboursements importants à époques fixes, qui, le plus souvent, ne pouvaient se faire qu'au prix des plus grands sacrifices ou de renouvellements ruineux.

Les sociétés anonymes surtout ont intérêt à emprunter avec remboursement par annuités. C'est le système des obligations émises par les grandes Compagnies. La lenteur de la libération dont un particulier peut s'effrayer, est sans inconvénient pour elles. Cette lenteur s'accorde bien au contraire avec leurs constitutions à longs termes.

Les Statuts de notre Compagnie nous ont créé le plus grand intérêt à emprunter sur ces bases.

L'annuité à payer comprend, outre l'intérêt et la commission, un amortissement destiné à éteindre la dette dans une limite de temps convenu.

Chaque année l'emprunteur ordinaire est forcé à mettre de côté une partie de ses revenus, à les capitaliser jusqu'à concurrence de la somme qui lui a été prêtée.

Or, notre Société porte, chaque année, à la réserve un pour cent de son capital; elle fait exactement la même opération que l'emprunteur du Crédit foncier.

Nous pouvons donc emprunter au Crédit foncier et ne nous préoccuper que du paiement de l'intérêt annuel et de la commission. L'amortissement du capital se confondra avec le service de notre réserve et n'imposera aucune charge nouvelle à notre Société.

L'emprunt contracté sous cette forme ne grève pas en quelque sorte la Société; il se spécialise sur les immeubles qui, par l'inscription hypothécaire, lui servent de garantie. Les charges de l'emprunt se transmettront à l'acquéreur avec l'immeuble au moment où il conviendra à notre Société d'en opérer la vente.

Cette vente elle-même deviendra plus facile par la raison que le Crédit foncier prêtant la moitié de la valeur de l'immeuble, la somme à payer par l'acquéreur se trouvera réduite d'autant. C'est une facilité qu'on offre à l'acquéreur et dont il peut, à son gré, user ou ne pas user, puisqu'il peut toujours se libérer par anticipation. Le remboursement par annuité constitue une sorte de caisse d'épargne pour le riche, et il n'est pas douteux que lorsque le mécanisme du Crédit foncier sera mieux connu, il ne rende de grands services à la propriété, surtout pour les immeubles urbains, qui peuvent payer des intérêts plus élevés que les propriétés rurales.

Notre traité avec le Crédit foncier a pour objet une avance de onze millions, qui est spécialement garantie par le grand Hôtel du Louvre et par nos immeubles de la rue de Rivoli, et il se répartit de la manière suivante :

| | |
|---|---|
| Grand Hôtel du Louvre . . . . . . . . . . . . . . . . . . . . . . . . | 5,500,000 fr. |
| Maison, rue de Rivoli, 182 . . . . . . . . . . . . . . . . . . . . | 1,500,000 |
| Id.     id.     176 . . . . . . . . . . . . . . . . . . . . . . | 380,000 |
| Id.     id.     174 . . . . . . . . . . . . . . . . . . . . . . | 1,020,000 |
| Id.     id.     172 . . . . . . . . . . . . . . . . . . . . . . | 1,200,000 |
| Id.     id.     162 . . . . . . . . . . . . . . . . . . . . . . | 600,000 |
| Id.     id.     158 . . . . . . . . . . . . . . . . . . . . . . | 500,000 |
| Id. rue de Marengo, 4 . . . . . . . . . . . . . . . . . . . . . . | 300,000 |

Au moyen de cette combinaison, la somme de 11 millions ne grève pas en totalité et indivisément la masse de nos propriétés; elle porte au prorata des sommes que nous venons de vous indiquer, sur chaque immeuble, de sorte que l'un quelconque de nos immeubles n'est hypothéqué que pour une somme fixe, et que nous pourrons le vendre sans être obligés de demander au Crédit foncier une restriction d'hypothèque.

11

Sur les immeubles de la rue de Rivoli, en dehors de l'Hôtel du Louvre, la somme prêtée s'élève à 5,500,000 francs.

L'importance du chiffre appliqué à chacun d'eux montre qu'au moyen de la somme spécialement avancée par le Crédit foncier, leur vente par notre Compagnie en sera notablement facilitée, d'autant mieux que nous pourrons nous-mêmes n'exiger qu'une portion du surplus du prix, en conservant comme garantie notre privilége de vendeur.

Avec le produit de ces 11 millions, nous allons solder les 5 millions que le Crédit mobilier nous a avancés en compte courant, et employer le surplus à la mise en valeur des terrains de l'ancien hôtel d'Osmond, du boulevard de Sébastopol et de la rue du Caire, et de ceux de l'avenue des Champs-Élysées et du Jardin-d'Hiver. Les constructions que nous allons élever sur une partie des terrains que nous possédons sur ces divers points augmenteront leur valeur et faciliteront la vente des terrains voisins sur lesquels nous n'aurons pas construit. Dans tous les cas, ces terrains se prêtent tout aussi bien que ceux de la rue de Rivoli, à des constructions de grand rapport; nous éviterons ainsi des non-valeurs, et les immeubles que nous créerons, pouvant à leur tour servir de gage à un emprunt, nos capitaux redeviendront disponibles et nous pourrons entreprendre de nouvelles opérations.

Le traité d'emprunt avec le Crédit foncier aura pour effet d'augmenter nos revenus, car le taux auquel cette Société nous prête, étant notablement inférieur au produit net de nos immeubles, la différence doit entièrement profiter à nos actionnaires.

Cette voie nous mènera, Messieurs, à faire de notre capital, non pas la base unique de nos opérations, mais le fond qui leur sert de garantie. Ce seront les emprunts contractés par notre Société qui fourniront les capitaux qui lui seront nécessaires.

Pour vous mettre dans le cas d'apprécier les avantages de cette combinaison, nous nous arrêterons un moment sur la première application que nous vous proposons d'en faire.

Nous vous disions à notre dernier rapport :

« Les immeubles que nous possédons aujourd'hui dans la rue de Rivoli
« (en dehors de l'Hôtel du Louvre), déduction faite de ceux que nous avons
« aliénés, présentent un chiffre de locations réalisées,
« formant un revenu de...................... 597,000 fr. » c.
   « Et la partie de la dépense qui s'applique spécia-
« lement à ces mêmes immeubles monte à........ 6,592,785 fr. 20 c.

« Le produit brut des locations réalisées représente donc environ
« 9 p. 0/0.

« Ce revenu dépasse la moyenne du produit des maisons que nous avons
« construites, par la raison que nous avons vendu les immeubles ordi-
« naires, et conservé ceux qui forment les angles des rues, et qui ont par
« là même un produit bien supérieur à celui de l'ensemble. »

Or, en supposant même que ce produit de 9 p. 0/0 soit réduit à 8 p. 0/0 par des non-valeurs, en empruntant, comme nous le faisons, au Crédit foncier, à 5 1/4 p. 0/0, intérêt et commission compris (l'amortissement restant en dehors), nous bénéficions de la différence de 2 3/4 p. 0/0, jusqu'à concurrence de la somme qui nous est avancée.

Nous pourrons renouveler cette opération toutes les fois que nous aurons à offrir en garantie des immeubles produisant un revenu supérieur à celui auquel nous serons dans le cas d'emprunter; c'est pour une plus longue durée, une opération analogue à celle que fait le Comptoir d'Escompte, lorsqu'il réescompte à la Banque de France, à 3 1/2 ou 4 p. 0/0 les effets qu'il a escomptés lui-même à 4 1/2 ou 5 p. 0/0.

Cette combinaison est, vous le voyez, aussi favorable à la Société du Crédit foncier qu'à notre Compagnie; car, si chaque emprunt nouveau que nous serons dans le cas de faire à cette Société, par suite du développement normal et régulier de nos opérations, doit nous produire une diffé-

rence d'intérêt annuel permanente, il produira au Crédit foncier une commission annuelle qui, bien qu'exceptionnellement réduite en notre faveur,
en raison des garanties que nos immeubles et notre fonds social lui donnent,
augmentera d'une manière permanente aussi la somme de ses profits.

Nous ne devions pas néanmoins entièrement subordonner nos opérations
à celles du Crédit foncier. Tout en conservant le désir de continuer et
d'étendre des rapports heureusement commencés et établis avec un grand
esprit de conciliation et d'équité, nous devions nous réserver la faculté de
pouvoir, dans des circonstances que nous ne prévoyons pas aujourd'hui,
mais qui peuvent se produire, marcher avec les ressources du crédit propre
de notre Société.

Cette faculté nous l'aurons toujours par l'émission que nous pourrons
ultérieurement faire de nos propres obligations; lorsque notre Société n'avait
qu'une durée de 26 ans, cette faculté était presque nominale, car nous ne
pouvions en faire usage qu'en nous grevant d'un amortissement annuel
considérable. Aujourd'hui que la durée de notre Société est prorogée à
99 ans, avec un amortissement très-faible, nous pourrons, comme les
sociétés de chemins de fer, nous procurer, sous cette forme, des capitaux
à très-long terme. En nous accordant cette facilité d'augmenter en quelque
sorte notre fonds social, en laissant à nos Actionnaires l'intégralité des
profits, le Gouvernement a voulu y poser des limites et se réserver un
contrôle que nous sommes d'autant plus empressés d'accepter que nous
n'avons aucune raison de le redouter. D'après l'ancienne rédaction de
l'article 45 de nos statuts, la faculté d'emprunter était absolue et sans limites,
bien entendu avec l'autorisation préalable de l'Assemblée générale des
Actionnaires; cette faculté reste la même pour les emprunts ordinaires avec
ou sans affection hypothécaire; il a été seulement ajouté que : « Les
« emprunts sous forme d'obligations nominatives et au porteur ne pourront
« dépasser le chiffre de 18 millions de francs, à moins d'autorisation spéciale
« de MM. les Ministres des Finances et de l'Agriculture, du Commerce et
« des Travaux publics.

« L'autorisation déterminera les époques d'émission, réglera le mode,

« les formes et le taux des négociations, fixera les époques et les quotités
« des versements.

Nous n'avons pas, quant à présent, besoin de vous demander de faire
usage de la faculté d'émettre des obligations ; si le besoin s'en faisait ultérieurement sentir, nous vous convoquerions spécialement pour vous en
faire la proposition.

Nous nous bornons aujourd'hui à vous demander l'autorisation de contracter, jusqu'à concurrence de 24 millions, des emprunts hypothécaires
ou autres.

L'emprunt de 11 millions au Crédit foncier dont nous venons de vous
entretenir étant compris dans cette somme, le surplus peut être nécessaire
pour de nouvelles constructions, et nous devons avoir cette réserve à notre
disposition, afin de n'être pas obligé de vous convoquer pour des opérations
que l'on peut désormais considérer comme rentrant dans la catégorie des
affaires courantes de notre Société.

Cette autorisation, vous le voyez, remplacera utilement pour nos Actionnaires l'augmentation du fonds social à laquelle nous avons renoncé.

Les nouveaux statuts portent de douze à quatorze le nombre de nos
administrateurs. Nous avons demandé cette addition, afin de pouvoir nous
assurer le bon concours de deux nouveaux collègues :

M. Alfred George, qui vient de cesser les fonctions de président du
Tribunal de commerce de Paris, et qui a exercé, pendant douze ans, celles
de juge au même tribunal ;

Et M. Edouard Rodrigues, administrateur des chemins de fer de l'Ouest.

Nous nous sommes assurés de leur adhésion, et leur nom est une recom-
mandation suffisante pour que nous puissions compter sur la vôtre.

Après la lecture de ce rapport, l'Assemblée générale, votant à l'unanimité, autorise le Conseil d'administration à emprunter une somme de 24 millions de francs, et nomme administrateurs MM. Alfred George et Édouard Rodriguës.

# COMPAGNIE IMMOBILIÈRE DE PARIS.

# RAPPORT

## A L'ASSEMBLÉE GÉNÉRALE DU 28 AVRIL 1859.

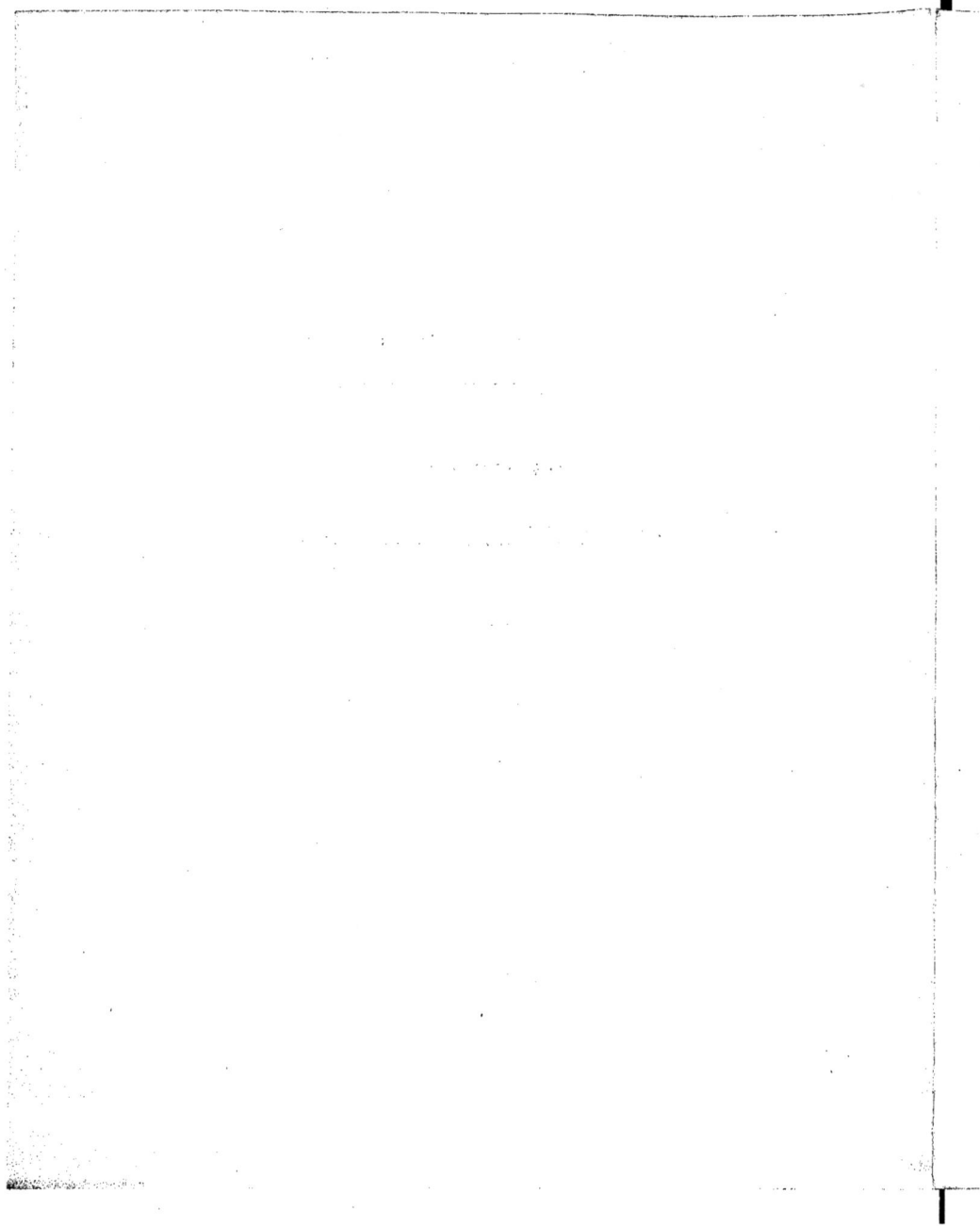

# COMPAGNIE IMMOBILIÈRE DE PARIS.

# RAPPORT

## PAR LE CONSEIL D'ADMINISTRATION

### Dans l'Assemblée générale ordinaire des Actionnaires du 28 Avril 1859.

#### PRÉSIDENCE DE M. E. PEREIRE.

——•••——

MESSIEURS,

Dans l'exercice qui vient de s'écouler, notre Compagnie a heureusement continué l'œuvre entreprise avec votre concours ; aucune affaire nouvelle n'a été engagée, mais celles que nous possédions ont reçu un développement plus rapide peut-être que celui que nous avions espéré.

### Immeubles de la rue de Rivoli.

La location des immeubles de la rue de Rivoli a produit, pendant l'année 1858, une somme de 524,593 fr. 75 c.

Nous avons eu quelques appartements et quelques boutiques temporairement vacants par suite de l'expiration des baux qui avaient été primitivement consentis; mais les non-valeurs, inévitables sur une masse aussi considérable de locations, tendent à diminuer; la prospérité du quartier augmente incessamment, et l'assiette de cette branche de nos revenus devient chaque jour plus certaine.

Le revenu de 524,593 fr. 75 c., rapproché du prix de revient des immeubles qui l'ont produit, est de 8 p. 0/0.

Pendant le cours de l'année 1858, nous n'avons consenti aucune aliénation de ces immeubles; notre situation est restée, à cet égard, telle qu'elle était lors de notre dernière réunion.

### Hôtel du Louvre.

Pendant l'exercice 1857, l'exploitation de l'hôtel du Louvre avait donné un produit net de 912,552 francs.

Le chiffre des recettes brutes s'était, pendant la même année, élevé à la somme de 2,529,138 fr. 74 c.

Ces recettes, pendant le cours de l'année qui vient de s'écouler, n'ont été, sous l'influence des circonstances qui, vous le savez, ont été peu favorables aux affaires, que de 2,168,210 fr. 36 c., chiffre inférieur à celui du précédent exercice de 360,928 francs.

Mais, hâtons-nous de le dire, cette diminution n'a pas atteint le montant de nos bénéfices nets. L'attention apportée au perfectionnement de la gestion de l'hôtel, et aussi l'abaissement du prix des denrées alimentaires, ont eu pour résultat de réduire nos dépenses d'une somme supérieure à la réduction de nos recettes; aussi les bénéfices nets de l'hôtel du Louvre ont-ils atteint le chiffre de 917,253 fr. 27 c., dépassant ainsi de 4,701 fr. 00 c. celui de l'année précédente.

Quant à la location des boutiques dépendant du même édifice, qui, en 1857, avait donné 254,025 francs, elle a produit, en 1858, 289,125 francs.

En résumé, les produits nets de l'exploitation du Grand Hôtel du Louvre et de la location des boutiques se sont élevés, en 1858, à 1,206,378 francs, au lieu de 1,166,577 francs en 1857, ce qui représente une différence de 39,000 francs au profit de 1858.

Les premiers mois de l'exercice courant nous font espérer des résultats non moins favorables.

Quoique les recettes brutes du 1er trimestre 1859 ne dépassent que de 13,000 francs les recettes brutes du 1er trimestre 1858, les bénéfices nets déjà acquis, cette année, s'élèvent à 22,000 francs de plus que ceux de la période correspondante de l'année dernière.

Nous persévérons, Messieurs, dans la voie à laquelle nous attribuons les résultats qui viennent de vous être signalés ; et, si notre attention et nos efforts sont sans influence sur le chiffre de nos recettes brutes, qui doivent varier et varient au gré de causes et d'événements qu'il ne nous est pas plus possible de prévoir que de modifier, l'économie et l'ordre que nous apportons dans toutes les branches de cette administration nous permettront de retirer de son exploitation tout ce qu'elle peut donner, et d'attendre, sans pertes et sans inquiétude, l'amélioration des circonstances générales qui peuvent un moment peser sur cette affaire.

### Hôtel d'Osmond.

Depuis notre dernière réunion, la question de la suppression de la rue

Basse-du-Rempart, à laquelle se rattache l'avenir de nos terrains de l'hôtel d'Osmond, a été définitivement fixée.

Un décret impérial, rendu le 14 novembre 1858, a déclaré d'utilité publique :

1° L'ouverture d'une rue de 22 mètres de largeur, dite de Rouen, devant communiquer du boulevard des Capucines à la rue du Havre ;

2° L'ouverture d'une rue d'embranchement, de 20 mètres de largeur, devant communiquer dudit boulevard à la rue de la Chaussée-d'Antin ;

3° La formation d'une place quadrangulaire au point de départ commun des deux voies nouvelles.

Le même décret a approuvé :

La suppression de la rue Basse-du-Rempart entre les rues de la Chaussée-d'Antin et Caumartin. Cette suppression aura lieu par voie d'avancement des maisons riveraines.

En exécution de ce décret, nous avons demandé à la Ville de Paris les autorisations nécessaires pour élever des constructions tant sur l'emplacement de l'ancien hôtel d'Osmond que sur les terrains de la rue qui devra y être annexée.

Ces autorisations nous ont été accordées le 19 décembre dernier. Elles portent que nos constructions sur le boulevard devront être en alignement de la maison à l'angle de la rue de la Chaussée-d'Antin, occupée par le café Foy. Nous avons fait commencer immédiatement les travaux de terrassement, préliminaires de toute construction.

Les propriétaires riverains ont cru devoir s'opposer à notre prise de possession de la partie de la rue Basse qui borde nos terrains ; leur prétention, non accueillie par le président du tribunal civil, qui s'est reconnu incompétent, est aujourd'hui pendante devant le conseil d'Etat.

Notre situation, au surplus, dans cette affaire, est telle que nos intérêts ne peuvent être affectés par l'issue de la contestation. Nous avons été mis en possession d'une portion du sol de la rue Basse-du-Rempart par un arrêté de M. le Préfet de la Seine, en exécution d'une loi rendue ; c'est à la Ville de Paris, chargée de son exécution, à nous assurer la libre jouissance des terrains compris dans le nouvel alignement.

Au moment où nos travaux de terrassement étaient presque achevés, nous sommes devenus acquéreurs de la propriété rue Basse-du-Rempart, n° 6, contiguë aux terrains de l'hôtel d'Osmond, moyennant un prix de 500,000 francs, en représentation duquel nous avons donné, à titre d'échange, un terrain aux Champs-Elysées, pour une somme de 297,120 francs, et une soulte en argent de 202,880 francs.

Le terrain de cet immeuble viendra se confondre dans celui de l'hôtel d'Osmond, et les constructions que nous élèverons sur l'ensemble seront conçues sur un plan général.

La forme des terrains de l'hôtel d'Osmond, un peu étroite pour sa longueur, rendait assez difficile une bonne distribution ; l'adjonction de la maison n° 6 fait disparaître cette difficulté : elle donnera à nos plans une ampleur qui, sans elle, leur aurait manqué, et rendra nos constructions plus en harmonie avec les exigences de ce riche quartier. Outre l'avantage d'une affaire bonne en elle-même, nous aurons donc celui d'améliorer notre première opération.

Notre nouvelle acquisition ne devant être libre de locataires qu'au mois de juillet prochain, les bâtiments qui la couvrent ne pourront être démolis avant cette époque, et les constructions à élever à la place devront subir un retard correspondant.

Cette circonstance, jointe à celle de pourparlers engagés pour la location,

par avance, de plusieurs boutiques et de quelques parties du premier étage
pour de vastes établissements qui ont besoin de dispositions spéciales, nous
a obligés d'interrompre momentanément nos travaux afin de consacrer le
temps d'un retard forcé à mùrir nos plans. Toute l'activité que nous aurions
pu déployer ne nous aurait pas fait gagner, en effet, beaucoup de temps,
puisque l'achèvement complet de nos constructions est nécessairement su-
bordonné à celui de la partie de ces constructions qui ne pourront être commencées avant quelques mois.

### Champs-Elysées.

Depuis notre dernière réunion, le Gouvernement a homologué sans modification le traité conclu par nous avec M. le Préfet de la Seine, pour l'ouverture d'une rue sur l'emplacement de l'ancien Jardin-d'Hiver et sur les
terrains environnants.

Nous vous rappelons ce que nous avons dit à la dernière assemblée générale, qu'aux termes de ce traité, nous nous étions engagés à ouvrir une rue
entre l'avenue des Champs-Elysées et l'avenue Montaigne, en face de la rue
qui s'ouvre dans le quartier François 1er, à partir du pont des Invalides, et
qui doit se continuer dans Chaillot, presque parallèlement à l'avenue des
Champs-Elysées jusqu'à l'Arc de l'Etoile.

La Ville de Paris s'était chargée de faire les dépenses de viabilité et de
nous payer une somme de 250,000 francs pour le prix du sol de la rue,
tant sur les terrains de l'ancien Jardin-d'Hiver que sur celui des propriétés
voisines, jusqu'à son point de jonction avec l'avenue Montaigne.

Nous avons rempli les obligations que nous imposait ce traité, et, dès le
mois de décembre dernier, nous avons fait la livraison à la voie publique
du terrain nécessaire à l'ouverture de la rue. De son côté, la Ville de Paris
a fait exécuter les travaux qu'exigeait la mise en état de viabilité.

Vous avez pu tous juger, Messieurs, du bon aspect qu'offre cette rue ;

une maison encore debout masque son entrée sur l'avenue Montaigne, mais la Ville de Paris, à la charge de qui était l'expropriation de cette maison, s'en est rendue acquéreur, et, au moment où nous vous parlons, le marteau des démolisseurs la fait disparaître.

Vous avez pu estimer la valeur exceptionnelle des terrains bordant cette voie publique, si bien placée entre deux avenues importantes, dont l'une est, à vrai dire, la continuation des boulevards ; cette valeur a été généralement appréciée, et, sans entrer dans des indications de chiffres qui appartiennent plus spécialement à l'exercice courant, nous pouvons vous dire que sur les 718$^m$ 17 de façade que ces terrains présentent, tant sur les deux côtés de cette nouvelle rue que sur l'avenue Montaigne, l'avenue des Champs-Élysées et la rue Marbeuf, une longueur de façade de 520$^m$ 39 était construite ou en construction avant même que la rue fût entièrement ouverte ; il ne reste donc plus que 197$^m$ 78 de façade disponible sur l'ensemble de ces terrains.

Dans ces constructions, dont la valeur s'élève à un chiffre minimum de 6 millions, celles entreprises pour le compte de notre Compagnie ne figurent que pour moins du sixième ; nous avons eu à peine besoin de donner une légère impulsion pour atteindre les résultats que nous venons de vous soumettre.

Nous avions à disposer dans cet emplacement de 21,154 mètres de terrain ; il ne nous reste plus à vendre que 8,215 mètres, et quant au surplus contenant 12,939 mètres sur lesquels des constructions s'élèvent avec la rapidité que chacun de vous peut facilement apprécier, nous ne bâtissons à notre propre compte que sur une superficie de 2,087 mètres et pour une somme de 900,000 francs.

Nous avons à vous rendre compte aujourd'hui des résultats, qui se rapportent spécialement à l'exercice 1858 ; ils se résument de la manière suivante :

Nous avons, dans cet exercice, assuré la vente de 5,061 mètres de terrain pour une somme de 1,742,700 francs. Sur ces ventes, le bénéfice s'élèvera à la somme de 702,446 francs.

Il est vrai, Messieurs, que dans ces terrains figurent une grande partie de ceux ayant façade sur l'avenue des Champs-Elysées; toutefois la totalité des terrains jouissant de cette position exceptionnelle n'y est pas comprise. Une partie n'a été vendue que dans le cours de la présente année.

Les terrains sur la rue proprement dite, sans avoir la même valeur que ceux donnant sur l'avenue, ont été, comme nous vous l'avons dit, vivement recherchés, et vous verrez dans les comptes de l'année prochaine que leur vente nous aura procuré de notables bénéfices.

On ne pourrait pas citer à Paris une affaire qui ait eu un succès aussi rapide. Les terrains nécessaires au percement de la rue n'ont pu être disponibles qu'au mois de décembre dernier. Les travaux de viabilité sont terminés seulement depuis le mois de mars, et, sur 33 lots dont nous disposions, 21 sont construits ou en construction; il ne reste plus que 12 lots à placer.

### Boulevard de Sébastopol.

Vous connaissez, Messieurs, la situation, l'étendue et la configuration de nos terrains du boulevard de Sébastopol. Ils avaient sur ce boulevard une façade importante, s'étendaient dans toute la longueur de la rue du Caire prolongée et formaient un des angles de cette rue et de la rue Saint-Denis.

Leur superficie était de 2,800 mètres.

Nous avons fait élever une maison sur le terrain formant l'angle de la rue Saint-Denis et de la rue du Caire, terrain dont la superficie est seulement de 235 mètres. Cette maison, aujourd'hui complétement achevée, est en état d'être immédiatement louée.

La vente du surplus de nos terrains sur ce point est assurée.

L'opération peut dès lors être considérée comme entièrement réalisée. Elle peut se résumer ainsi :

Sur un capital engagé de 1,400,000 francs, nous avons obtenu un bénéfice sur les terrains de 250,000 francs, et nous restons possesseurs d'une maison d'une valeur locative de 30,000 à 35,000 francs, qui nous coûte 350,000 francs.

### Emprunt de 11 millions au Crédit Foncier.

Par votre délibération du 17 août dernier, vous nous avez autorisés à contracter des emprunts, avec ou sans affectation hypothécaire, jusqu'à concurrence d'une somme de 24 millions de francs.

Pendant l'exercice qui vient de s'écouler, nous avons usé de cette autorisation, et nous avons emprunté au Crédit foncier de France une somme de 11 millions.

Nous vous avons fait aussi connaître, par anticipation, les conditions auxquelles cet emprunt a été fait.

Nous payons immédiatement au Crédit foncier :

| | |
|---|---|
| Pour intérêts et commissions. . . . . . . . . . . | 4,91 p. 0/0. |
| Pour amortissement. . . . . . , . . . . . . . . . | 0,66 p. 0/0. |
| Ensemble. . . . . . . . | 5,57 p. 0/0. |

Et pour le total de la somme empruntée :

| | |
|---|---|
| En intérêts et commissions. . . . . . . . . . . . | 540,100 fr. » |
| En amortissement. . . . . . . . . . . . . . . | 72,600 » |
| Ensemble. . . . . . . . | 612,700 fr. » |

13

Les 11 millions, montant de l'emprunt, nous ont été remis par le Crédit foncier en 110,000 obligations foncières de 100 francs l'une. La négociation de ces 110,000 obligations a produit une somme d'environ 10 millions.

Nous venons de vous dire que l'intérêt que nous payons s'élève à 540,000 francs par an, et, avec l'amortissement, à 612,000 francs. Nous nous trouvons, par la différence sur le produit de la vente des obligations, avoir emprunté au taux de 5,40 p. 0/0, et, avec l'amortissement, à 6,12 p. 0/0.

Comme nous avons déjà eu l'honneur de vous le dire, Messieurs, au point de vue de l'extension à donner à nos opérations, ces emprunts contractés par notre Société assurent les mêmes résultats qu'auraient pu assurer l'augmentation de capital par la création de nouvelles actions, que nous avions précédemment demandée au Gouvernement.

Au point de vue des intérêts des actionnaires, le résultat est évidemment plus avantageux encore.

Si, en effet, nous avions accru de 11 millions le capital de notre Société par une émission d'action, ces actions seraient venues au partage proportionnel des bénéfices acquis à notre Société et auraient reçu 6, 7, 8 p. 0/0, suivant que ces bénéfices auraient atteint un chiffre plus ou moins élevé, et auraient ainsi diminué, dans une proportion analogue, le dividende afférent à chaque action.

Le capital que nous devrons à des emprunts ne recevra, au contraire, qu'un intérêt limité à un chiffre fixe, invariable, quel que soit le bénéfice réalisé par la Société ; et, plus le capital emprunté sera considérable, plus la part revenant aux actions devra s'accroître.

L'amortissement que nous devons payer annuellement au Crédit foncier pour le remboursement du prêt qu'il nous a fait n'ajoute pas à nos charges ; c'est un mode de libération commode et qui ne peut en aucune façon grever vos revenus.

L'obligation que nous créent nos Statuts de mettre, chaque année, 1 p. 0/0 à la réserve, s'accorde très-bien avec le service d'un amortissement et nous permettra d'en supporter un, même très-considérable, sans craindre de gêner en rien la marche et le développement de nos opérations sociales.

A un autre point de vue, un emprunt, quand il est fait, comme celui que nous avons contracté avec le Crédit foncier, avec affectation hypothécaire, présente des avantages non moins sérieux.

Un emprunt avec affectation hypothécaire frappe moins l'individu, la société qui le souscrit, que l'immeuble affecté à sa garantie ; c'est l'immeuble qu'il suit, en quelques mains qu'il passe, et son souscripteur primitif n'en est en quelque sorte plus tenu dès qu'il a cessé de posséder le gage qu'il y a affecté.

Un immeuble, grevé d'une hypothèque de 100,000 francs, est un immeuble qui immobilise dans les capitaux de son propriétaire 100,000 francs de moins que s'il n'était pas grevé.

La valeur s'est accrue.

En effet, c'est un fait bien connu que la valeur proportionnelle des immeubles augmente avec la faiblesse relative de la somme que leur possession oblige à immobiliser.

Aussi, grever un immeuble d'hypothèques à remboursement par annuités, c'est diminuer la somme qu'un acquéreur devra immobiliser pour en devenir propriétaire, c'est le mettre à la portée d'un plus grand nombre de fortunes, c'est le mobiliser en partie.

Tel est l'avantage, peut-être le plus considérable, que nous avons obtenu, en contractant un emprunt avec le Crédit foncier.

Le prêt de 5,500,000 francs, qui nous a été fait sur nos neuf maisons de la rue de Rivoli, a diminué de pareille somme celle que nous avions immobilisée dans cette opération, et a rendu plus facile sa liquidation, puisque, au lieu du capital considérable dont, avant ce prêt, il eût fallu provoquer le déplacement pour vendre ces maisons, ce sera à peine la moitié de ce capital que nous aurons à demander aux acquéreurs qui se présenteront.

Aussi, à ce double point de vue de l'extension de notre capital par suite de l'extension de nos opérations et de la mobilisation de nos immeubles grevés d'une hypothèque en faveur du Crédit foncier, l'emprunt que nous avons souscrit à cette Société doit nous assurer d'heureux résultats.

En résumé, pendant l'année 1858, nos revenus fixes, produits par la location de nos immeubles et l'exploitation du Grand Hôtel du Louvre, se sont accrus.

La masse des terrains improductifs, qui figuraient dans nos inventaires et pesaient d'un poids bien lourd dans la balance de nos bénéfices, a considérablement diminué. Nous avons déjà disposé de plus de la moitié à des conditions largement rémunératrices des sacrifices que leur acquisition nous avait imposés.

Enfin, l'emprunt de 11 millions que nous avons contracté avec le Crédit foncier nous a fourni les moyens de poursuivre et de compléter nos opérations commencées et d'atteindre les résultats financiers que nous allons mettre sous vos yeux.

## Au 31 Décembre 1858 notre Actif comprenait :

### ACTIF.

| | | |
|---|---:|---:|
| Grand Hôtel du Louvre. Terrains et constructions................ | 11,481,328 | 80 |
| D° Ameublement........................... | 2,447,912 | 88 |
| Immeubles de la rue de Rivoli. Terrains et Constructions......... | 6,592,785 | 20 |
| Hôtel d'Osmond...................................... | 1,899,367 | 34 |
| Immeubles des Champs-Élysées............................ | 3,487,818 | 27 |
| D° de la rue du Caire et du boulevard de Sébastopol...... | 980,368 | 25 |
| Société générale de Crédit mobilier ; s/c. courant................. | 4,126,480 | 05 |
| Divers débiteurs................................... | 3,628,855 | 47 |
| Loyers à recevoir................................... | 278,713 | 45 |
| Compte de premier établissement......................... | 821,601 | 01 |
| Différence sur la réalisation des obligations foncières à amortir en 46 ans. | 988,865 | 77 |
| Valeur des obligations foncières en portefeuille................. | 2,479,595 | » |
| Caisse.......................................... | 3,436 | 07 |
| | 39,217,127 | 56 |

### Notre Passif se divisait ainsi qu'il suit :

## PASSIF.

| | | |
|---|---:|---|
| Capital social............................................. | 24,000,000 | » |
| Réserve................................................... | 749,184 | » |
| Réserve extraordinaire.................................... | 600,000 | » |
| Emprunts réalisés......................................... | 11,000,000 | » |
| D° ....................................................... | 1,500,000 | » |
| Divers entrepreneurs...................................... | 39,196 | 18 |
| Restant à payer aux époques fixées par les contrats....... | 352,329 | 71 |
| Intérêts à payer.......................................... | 837,472 | 67 |
| Loyers reçus par anticipation............................. | 138,945 | » |
| | 39,217,127 | 56 |

## Le Compte Profits et Pertes était composé ainsi :

### DOIT.

| | | |
|---|---:|---:|
| Balance des intérêts sur comptes courants........................ | 378,076 | 55 |
| Frais généraux et allocations..................................... | 167,771 | 88 |
| Amortissement d'un 46e de la perte sur les obligations foncières...... | 21,974 | 79 |
| Divers........................................................... | 72,815 | 45 |

RÉPARTITION DES BÉNÉFICES DE 1858.

| | | |
|---|---:|---:|
| Intérêts aux actions.......................... | 1,200,000 | » |
| Réserve...................................... | 240,000 | » |
| Compte de 1er établissement.................... | 90,816 | » |
| Réserve extraordinaire........................ | 600,000 | » |

| | |
|---:|---:|
| 2,130,816 | » |

| | |
|---:|---:|
| 2,771,454 | 67 |

## AVOIR.

| | | |
|---|---:|---:|
| Balance d'entrée............................................. | 80 | 60 |
| Produit des locations....................................... | 813,714 | 75 |
| Hôtel du Louvre.............................................. | 917,253 | 27 |
| Bénéfices sur ventes d'immeubles............................ | 1,040,406 | 05 |
| | 2,771,454 | 67 |

Les bénéfices nets de notre société, provenant tant de la location de nos immeubles et de l'exploitation du grand hôtel du Louvre que du produit des terrains, présentent, pour l'exercice 1858, un total de 2,130,816 francs, c'est-à-dire 9 0/0 de notre capital de 24 millions.

Ce résultat, obtenu pendant une année qui a présenté plus d'un moment difficile, n'est dû à aucune appréciation de bénéfices éventuels, appréciation de nature à compromettre l'avenir de notre Société.

Bien que les opérations déjà réalisées dans les quatre premiers mois de l'exercice 1859 représentent déjà des résultats avantageux, nous croyons, eu égard aux circonstances nouvelles qui peuvent se produire et en raison de ce que les sommes représentant les terrains ne sont pas encore réalisées quoique parfaitement assurées, devoir faire une large part, une part exceptionnelle à la prudence.

Nous vous proposons de ne distribuer, cette année, qu'un intérêt de 5 0/0 à nos actions, c'est-à-dire de limiter aux 1,200,000 francs qui ont été payés en juillet et en janvier dernier, la somme à répartir pour l'exercice 1858.

Le coupon de juillet prochain serait toujours payé, mais seulement jusqu'à concurrence d'un semestre d'intérêt à raison de 2,50 par action. Le surplus des bénéfices nets de 1858, montant à 930,816 francs, recevrait l'affectation suivante :

Une somme de 90,816 francs serait portée au compte de premier établissement en extinction du compte de frais généraux et intérêts pendant la construction ;

Une somme de 240,000 francs formant la réserve statutaire de 1 p. 0/0 du capital social figurerait, comme les années précédentes, au compte de la réserve ordinaire ;

Enfin, une somme de 600,000 francs serait portée au compte de la réserve sous le titre de réserve extraordinaire.

Cette somme, que dans des circonstances ordinaires nous vous proposerions de distribuer, recevra, nous le pensons, un bien plus utile emploi pour vos intérêts en restant disponible dans nos mains pour concourir à la mise en valeur de vos immeubles. C'est un placement de père de famille que nous faisons pour vous, et, d'après nos affaires engagées, nous ne craignons pas de vous affirmer que vous n'aurez pas à le regretter.

Cette marche est d'ailleurs conforme à l'esprit qui a constamment présidé à la direction de votre Société. Au lieu d'escompter l'avenir, nous lui avons toujours fait une large part : nos Statuts ont, par avance, fixé à 1 p. 0/0 la réserve annuelle; c'est déjà considérable pour des revenus immobiliers. Cette seule réserve, affectée à l'amortissement d'emprunts dans les conditions de celui contracté avec le Crédit foncier, suffit pour rembourser, dans les 46 ans qui forment la durée de ses avances, une somme qui dépasse 36 millions. Nous pouvons donc acquérir un capital supplémentaire égal à une fois et demie votre fonds social en appliquant votre réserve ordinaire à l'amortissement d'emprunts au Crédit foncier, pourvu que les immeubles sur lesquels ils seront effectués produisent un revenu de 5.40 p. 0/0. C'est une véritable caisse d'épargne qui fonctionne constamment au profit de nos actionnaires.

Dans les trois années qui viennent de s'écouler, depuis l'exercice 1856, époque à laquelle ont commencé la mise en location de nos immeubles Rivoli et l'exploitation de l'hôtel du Louvre, et malgré les non-valeurs qui sont la conséquence de la lenteur avec laquelle les bâtiments nouvellement construits parviennent à se louer, nous avons pu réaliser un produit net total,

En 1856, de 6.90 p. 0/0, soit . . . . . . . . . . 1,656,000 fr. » c.
En 1857, de 8.23 p. 0/0, soit . . . . . . . . . . 1,975,000 »
En 1858, de 9.00 p. 0/0, soit . . . . . . . . . . 2,130,816 »

Ensemble. . . . . . . . . . . 5,761,816 fr. » c.

Sur ces sommes, il vous a été distribué. . . . . . . . 4,176,000 fr. » c.

Vous avez porté à un compte de premier établisse-
ment. . . . . . . . . . . . . . . . . . . . . . . . . . . . . 263,816 »

Vous avez porté à la réserve ordinaire. . . . . . . . 720,000 »

Nous vous proposons de porter à une réserve
extraordinaire . . . . . . . . . . . . . . . . . . . . . . . . 600,000 »

Total égal. . . . . . . . . . . 5,761,816 fr. » c.

L'accumulation des sommes portées à la réserve, tant statutaire qu'extraordinaire, représente 5.62 par action, c'est-à-dire que le capital représenté par ces actions est pour chacune de 105 fr. 62 c. au lieu de 100 francs,
leur prix d'émission primitif.

Ces résultats ont été obtenus en laissant à la charge de chacun de ces
exercices les intérêts perdus sur les immeubles non employés, c'est-à-dire
les terrains non bâtis et l'hôtel d'Osmond, qui, en raison de la plus-value
qu'il a acquise, aurait pu, pour arriver à établir son véritable prix d'achat,
être débité des intérêts perdus depuis que nous le possédons, déduction faite
des locations précaires que nous en avons faites.

Mais vous approuverez la prudence qui a présidé à cette manière d'opérer; si elle a pour effet de diminuer en apparence vos bénéfices annuels,
elle se traduit, en réalité, en un accroissement de capital.

Cette situation, Messieurs, vous paraîtra, comme à nous, excellente; elle
est le gage d'un avenir prospère que tous nos soins auront pour but de
réaliser.

Aux termes de l'article des Statuts, cinq Administrateurs ont été désignés, par le sort, pour cesser leurs fonctions cette année.

Vous avez à pourvoir à leur remplacement.

Les cinq Administrateurs sortants sont :

> MM. DARBLAY,
> LEBEY,
> LOUBAT,
> EMILE PEREIRE,
> EDOUARD RODRIGUES.

Nous vous rappelons, Messieurs, que les Administrateurs sortants sont toujours rééligibles.

---

Après la lecture de ce Rapport, l'Assemblée générale a approuvé les comptes de l'exercice 1858.

Une somme de 240,000 francs sera portée à la réserve, 90,816 francs à l'amortissement du compte de premier établissement, et 600,000 francs à une réserve extraordinaire.

L'Assemblée générale a, en outre, réélu membres du Conseil d'administration :

> MM. DARBLAY,
> LEBEY,
> LOUBAT,
> EMILE PEREIRE,
> EDOUARD RODRIGUES.

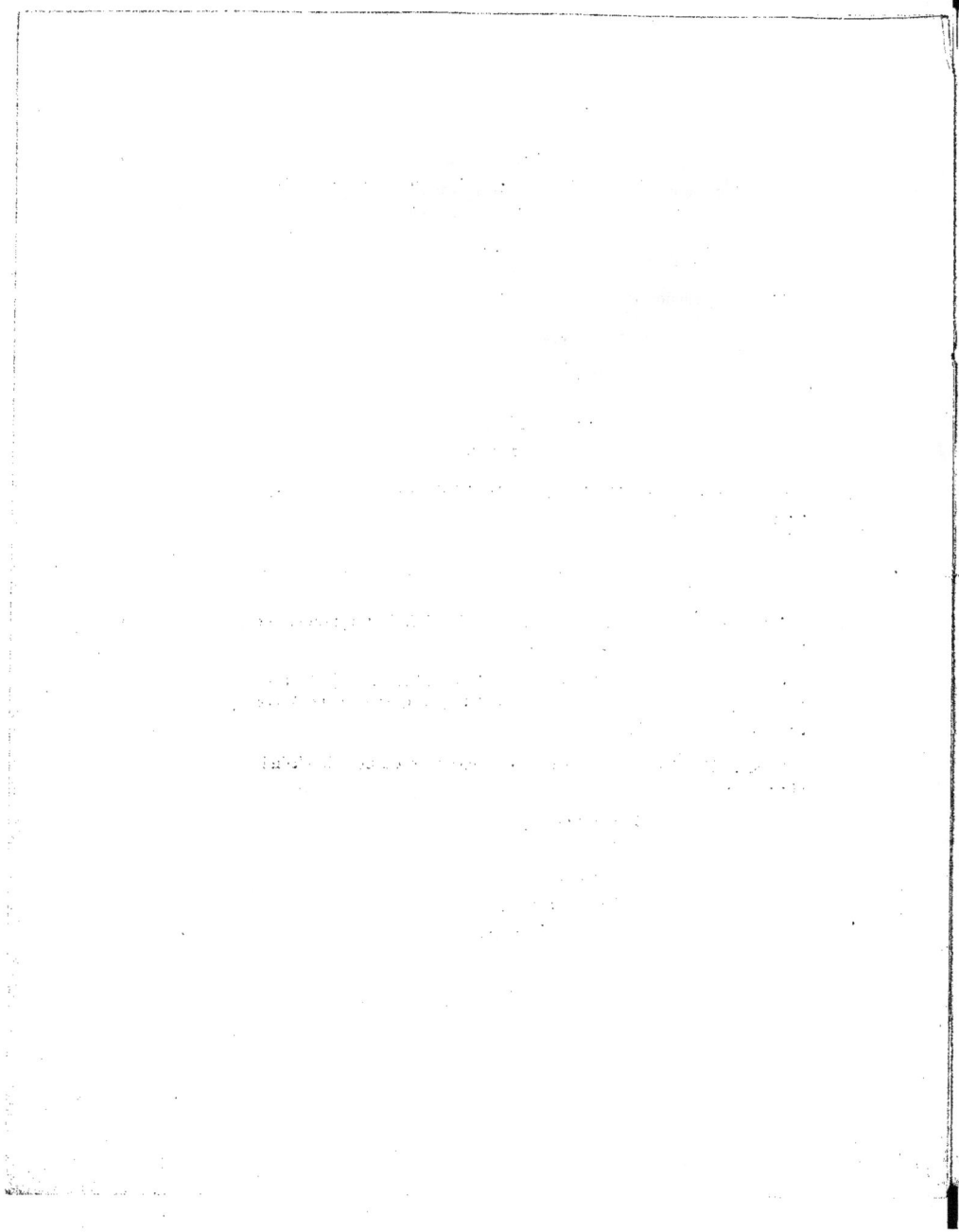

# COMPAGNIE IMMOBILIÈRE DE PARIS.

## RAPPORT

### A L'ASSEMBLÉE GÉNÉRALE DU 21 AVRIL 1860.

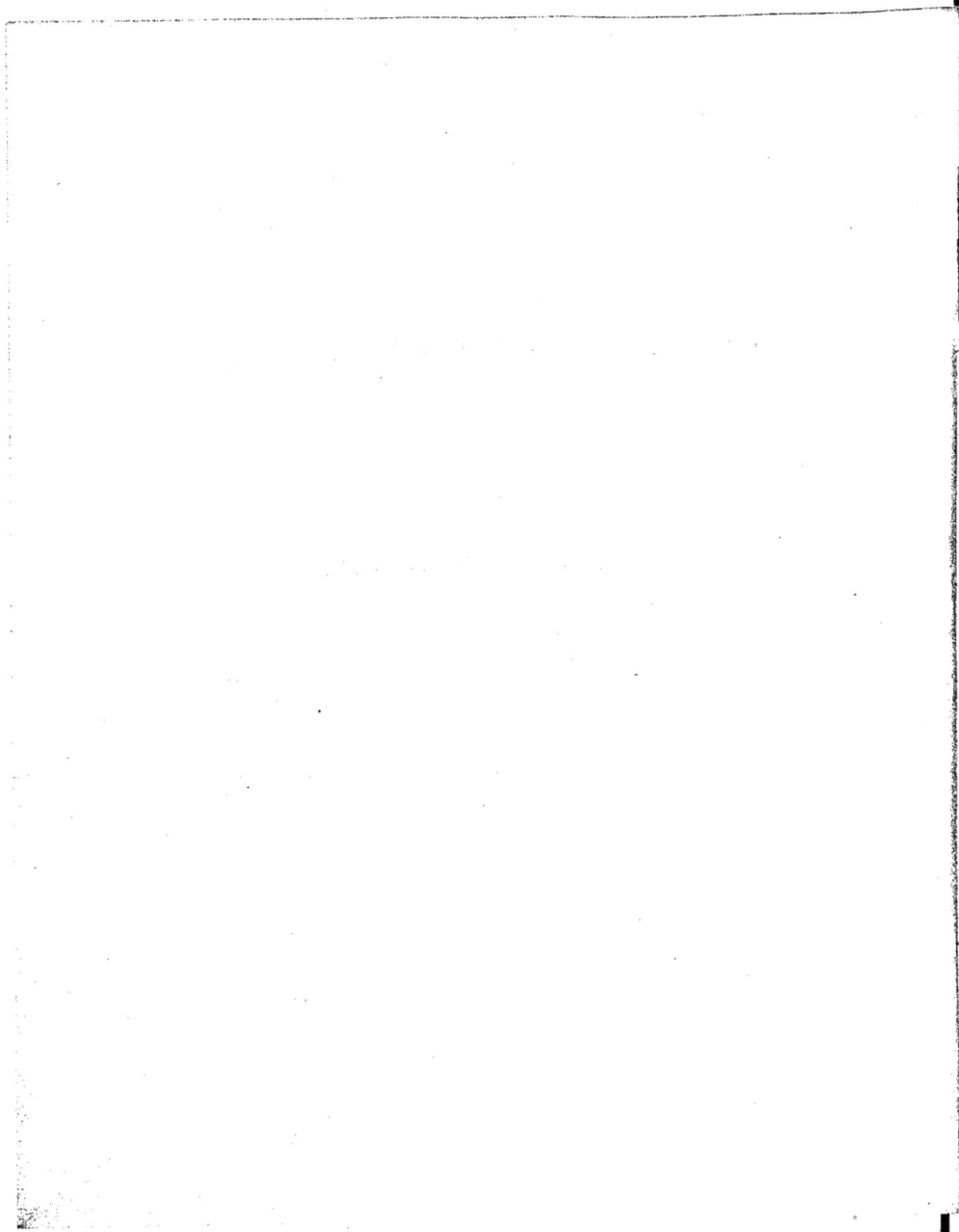

# COMPAGNIE IMMOBILIÈRE DE PARIS.

# RAPPORT

PRÉSENTÉ

## PAR LE CONSEIL D'ADMINISTRATION

Dans l'Assemblée générale ordinaire des Actionnaires du 21 Avril 1860.

### PRÉSIDENCE DE M. E. PEREIRE.

MESSIEURS,

Dans le courant de l'année 1859, à laquelle appartiennent les résultats que nous allons vous présenter, nos opérations ont été renfermées dans les mêmes limites que celles de l'année précédente; tous nos efforts ont dû se borner à améliorer le sort de nos entreprises en plein rapport et à activer l'achèvement de celles qui sont transitoirement improductives par suite des travaux qui s'effectuent pour les mettre en valeur.

### *Immeubles de la rue de Rivoli.*

Les revenus locatifs de ces immeubles tendent à augmenter. Le renouvellement des baux, surtout pour les boutiques, se fait à des conditions meilleures que la location primitive,

15

Le produit de ces maisons s'est élevé, pendant l'exercice 1859, à 525,087,50, déduction faite des non-valeurs qui ont nécessairement suivi l'expiration des baux que nous avons renouvelés.

### Grand Hôtel du Louvre.

La valeur locative des boutiques du Grand Hôtel du Louvre augmente dans une proportion marquée.

En 1857, nos estimations la portaient à 281,400 fr.; en 1858, les locations réalisées atteignaient 291,100 fr.; elles sont aujourd'hui de 302,100 fr., et ce dernier chiffre sera certainement dépassé au fur et à mesure des renouvellements des baux actuels.

Les recettes brutes de l'Hôtel même avaient été, en 1858, de 2,168,210 fr. 30 c.; elles ont donné, cette année, 2,202,688 fr. 28 c. Les produits nets ont suivi la même progression : de 917,253 fr. 25 c. en 1858, ils se sont élevés en 1859 à 941,301 fr. 41 c., ce qui donne une augmentation de 24,048 fr. 16 c.

L'année mil huit cent soixante promet des résultats non moins favorables; les recettes brutes au 19 avril courant dépassent déjà de 60,447 fr. celles réalisées en 1859 pendant la période correspondante.

En résumé, le Grand Hôtel du Louvre a produit, en 1859 :

Location des boutiques. . . . . . . . . . . . . . . .   295,675 fr.
Exploitation. . . . . . . . . . . . . . . . . . . .   941,301
                                                      1,236,976 fr.

soit 8,87 p. 0/0 du capital employé.

Il faut ajouter qu'en outre de ces sommes, qui figurent seules au crédit du compte de profits et pertes, l'Hôtel a produit environ 50,000 fr., employés en augmentation du mobilier, en modification et amélioration de certaines parties de l'immeuble, qui ont été passés en frais généraux, comme dépenses ordinaires d'entretien, malgré la plus-value incontestable qu'ils donnent à l'immeuble.

Ces résultats ne sont pas dus, Messieurs, à un mouvement de prospérité exceptionnelle ; les années 1858 et 1859 n'ont pas été favorables à l'industrie de l'Hôtel du Louvre. Le renchérissement des marchandises de consommation a coïncidé avec une grande diminution dans le nombre des voyageurs. Les résultats que nous avons obtenus et que promettait la vitalité de l'affaire elle-même sont dus, en grande partie, à la bonne administration de l'Hôtel. Formée par les difficultés mêmes qu'elle a heureusement surmontées, elle voit son succès se consolider, et elle est préparée à résister à de nouvelles épreuves, aussi bien qu'à profiter, dans la plus large mesure, des circonstances heureuses que lui offrira l'ère de prospérité ouverte par la paix et du retour des affaires sur lesquelles le traité de commerce récemment conclu exercera la plus heureuse influence.

Depuis quelques mois, l'établissement dans une des boutiques de l'Hôtel du Louvre d'un bureau de télégraphie privée fonctionnant jour et nuit, ajouté encore aux éléments de prospérité de l'établissement. Cette innovation met notre Hôtel dans des conditions favorablement exceptionnelles. Les voyageurs qui y descendent peuvent recevoir de la province et de l'étranger les dépêches qui leur sont adressées, et répondre sans se déplacer et sans perdre une minute; cet avantage a été vivement apprécié, et le bureau de télégraphie de l'Hôtel est rapidement devenu l'un des plus importants de Paris.

La création de l'Hôtel du Louvre n'avait pas eu de précédent, du moins en Europe; son plein succès lui a donné et lui donne des imitateurs dans les grandes villes de France. La formation d'établissements nouveaux qui se modèlent le plus possible sur l'Hôtel du Louvre est un fait que nous regardons comme très-favorable. Sans parler des rapports qui peuvent lier ces établissements et l'Hôtel du Louvre dans un intérêt commun, les voyageurs fréquentant ces hôtels, habitués désormais à un confortable qu'ils auraient autrefois vainement cherché, formeront pour l'Hôtel du Louvre une clientèle nombreuse et assurée.

## *Immeubles du boulevard des Capucines.*

Nous vous avons fait connaître l'an dernier le décret impérial qui, en supprimant la rue Basse-du-Rempart, a définitivement fixé le sort des terrains provenant de l'hôtel d'Osmond.

Les travaux que nous avons entrepris pour élever des constructions sur cet emplacement ont été retardés d'abord à cause de la démolition de l'hôtel rue Basse, n° 6, démolition qui, par suite de l'empêchement d'un locataire, n'a pu avoir lieu que pendant les derniers jours de juillet et le mois d'août, et, plus tard, à cause des rigueurs d'un hiver long, froid et humide; cependant ces constructions ont été poussées avec une rapidité que vous avez pu apprécier; elles sont aujourd'hui très-avancées; peu de mois suffiront pour les achever complétement.

Ces constructions comprendront :

1° Une maison d'une superficie de 1,700 mètres, ayant 30 mètres de façade sur le boulevard ;

2° Deux maisons, ayant chacune 500 mètres de superficie avec 17 mètres en façade sur la rue de Lafayette prolongée.

Ces trois constructions sont, comme nous venons de vous le dire, très-avancées.

3° Une maison ayant 800 mètres de superficie avec 17 mètres de façade sur la rue Lafayette, et 16 mètres sur le boulevard.

Ce dernier immeuble, qui se construit sur le même alignement que l'ancien et avec la même ordonnance architecturale, pourrait, au besoin, être divisé en deux, l'un donnant sur le boulevard, l'autre sur la rue Lafayette.

Reste enfin, à l'extrémité du jardin de l'ancien hôtel d'Osmond, un terrain de 510 mètres de superficie avec 20 mètres de façade sur la rue de Lafayette, sur lequel les travaux de construction ne pourront être commencés que lorsque la place du nouvel Opéra sera ouverte.

Les terrains figurent dans nos inventaires pour une somme de 2,500,000 francs, prix d'achat, soit 625 francs le mètre. La faiblesse de prix, par rapport à leur valeur actuelle, tient, d'une part, à ce que la principale acquisition a été faite bien avant la grande hausse des terrains et à des conditions vraiment exceptionnelles ; et, d'autre part, à ce que la Société s'est abstenue, comme elle l'a fait pour ses autres opérations, de porter au compte de cet immeuble, en augmentation du prix de revient, aucune portion des intérêts considérables perdus pendant le temps que lesdits terrains sont restés improductifs.

Vous apprécierez, Messieurs, nous le pensons, la sagesse de cette manière de procéder. Si elle a eu pour résultat de diminuer vos dividendes, elle assure l'avenir de cette belle opération et donne la certitude que notre capital est représenté par des valeurs bien supérieures aux sommes pour lesquelles elles figurent dans nos inventaires.

Il ne nous est pas possible de vous donner, cette année, le chiffre exact du prix de revient des constructions; il est probable qu'il se rapprochera beaucoup, par mètre superficiel, de celui de la rue de Rivoli, et que, s'il y a une différence, elle sera sans importance.

Nous avons consenti la location d'une des grandes boutiques de la maison en construction, moyennant un loyer annuel de 90,000 fr., location qui comprend le rez-de-chaussée, l'entresol et le sous-sol; et, quoique cette location puisse servir de base au calcul du produit locatif du surplus de l'immeuble, il n'est pas non plus possible d'apprécier d'une manière exacte quel en sera le revenu total.

Nous nous bornerons à ces indications générales, vous comprendrez notre réserve à cet égard.

Des décisions administratives qui ont prescrit la suppression de la rue Basse-du-Rempart ont arrêté que l'alignement des constructions à élever sur son emplacement serait celui du boulevard des Italiens.

L'enquête, récemment ouverte à la mairie de la rue Drouot, les complète; elle fait connaître les projets définitifs de la ville de Paris relativement à l'établissement du nouvel Opéra, sur l'emplacement des maisons nos 10, 12, 14 et 16, rue Basse-du-Rempart, et la décoration architecturale des constructions à élever sur les rues avoisinantes.

La façade qui nous a été prescrite pour nos constructions sur le boulevard sera imposée à celles qui seront élevées, depuis le passage Sandrié jusqu'à la rue de la Chaussée-d'Antin, sur le boulevard, les rues de Lafayette et de Rouen, sur la place projetée et sur les rues d'isolement, à droite et à gauche de l'Opéra.

Outre les terrains dont nous avons indiqué l'affectation, notre Compagnie possède sur le boulevard des Capucines deux immeubles acquis pendant l'exercice 1859.

Ces deux acquisitions ont eu lieu par voie d'échange et de soulte ; l'une, celle du n° 32, de l'ancienne rue Basse-du-Rempart, au prix principal de 580,000 fr.; l'autre, le n° 40, de la même rue, au prix de 675,000 francs. Nous avons donné en échange deux terrains aux Champs-Élysées, une maison, avenue Montaigne, et une soulte en argent.

L'utilisation de ces deux propriétés dépend moins des combinaisons que nous pourrions préparer que des mesures prises par la ville pour compléter et hâter la suppression de la rue Basse-du-Rempart. Vous comprendrez que, dans cette situation, nous nous bornions à vous faire connaître ces deux acquisitions avec les conditions auxquelles nous les avons faites et que nous n'anticipons pas sur des faits qui ne se rapportent pas directement aux opérations réalisées pendant l'exercice 1859.

### *Terrains des Champs-Élysées.*

Les circonstances politiques qui ont marqué le cours de l'année dernière ont eu une influence considérable sur notre opération des Champs-Élysées. Les transactions sur cette nature d'immeubles se sont arrêtées; depuis quelque temps cependant, il y a sous ce rapport une reprise marquée. Les ventes que nous avions antérieurement réalisées et qui remontent aux premiers jours de l'année dernière ont eu une grande importance; elles ont porté sur 5,745 mètres et ont donné un bénéfice de 601,076 francs, qui figure dans les comptes de cette année.

Ce temps de suspension des transactions n'a cependant pas été perdu. Les constructions entreprises par nos acquéreurs ou par nous-mêmes se sont élevées; elles bordent toute la façade sur l'avenue des Champs-Élysées et la presque totalité du côté droit de la rue de Marignan (nom qu'a reçu la voie ouverte sur l'emplacement de l'ancien Jardin-d'Hiver); le surplus des terrains non bâtis a acquis une plus-value incontestable, et, sans la fâcheuse prolongation de la mauvaise saison, qui a nui d'une manière toute particulière aux Champs-Élysées, nul doute qu'ils n'eussent déjà trouvé des acquéreurs. Notre Compagnie, pour éviter des pertes d'intérêt et accélérer le mouvement que nous venons de vous signaler, a récemment entrepris encore de nouveaux travaux.

L'ensemble des constructions qu'elle élève sur ce point comprend aujourd'hui :

1° Deux grandes maisons occupant deux lots de 1,614 mètres de surface;

2° Un hôtel élevé sur un terrain de 509 mètres,

Ces trois immeubles seront achevés dans le courant du mois de mai.

3° Deux grandes maisons élevées sur des terrains de 1,571 mètres;

4° Un petit hôtel sur un lot de 370 mètres.

Il ne nous est pas possible de vous donner une évaluation du revenu locatif que les immeubles seront susceptibles de produire ; néanmoins, nous sommes convaincus, d'après les résultats obtenus dans les rues voisines, que le produit de ces immeubles sera largement rémunérateur des capitaux employés à leur construction.

Notre opération des terrains du Jardin-d'Hiver présente aujourd'hui la situation suivante :

Nos acquisitions amiables ou par voie d'expropriation comprenaient 22,653 m. 51 de terrain.

2,240 mètres ont été abandonnés pour l'établissement de la rue de Marignan.

14,783 mètres sont couverts de constructions élevées pour notre compte ou celui de nos entrepreneurs.

5,538 mètres non bâtis restent à vendre.

Veuillez vous souvenir, Messieurs, que la rue de Marignan a été ouverte il y a quinze mois seulement, qu'à peine commencée, notre opération a été frappée par les événements qui ont pesé sur toutes les affaires, et les ont un moment suspendues, et vous reconnaîtrez qu'il y a lieu de se féliciter de la marche rapide qu'elle a suivie.

### Immeubles de la rue du Caire.

L'acquisition des terrains du boulevard de Sébastopol et le percement de la rue du Caire se sont liquidés comme l'indiquait notre dernier rapport.

Notre Compagnie, après avoir réalisé un bénéfice de 250,000 francs, reste propriétaire d'une maison à l'angle des rues Saint-Denis et du Caire, susceptible d'un produit de 35,000 francs, moyennant un prix de revient de 350,000 francs.

Les locations réalisées dans cette maison s'élèvent à 25,000 francs ; une partie importante n'est pas encore louée.

### *Emprunts au Crédit foncier.*

Les emprunts de notre Compagnie au Crédit foncier de France s'élevaient, au 31 décembre 1858, à 11,000,000 de francs ; pendant le courant de l'année 1859, nous avons contracté un nouvel emprunt de 3,600,000 francs, à des conditions identiques aux premières.

Remboursement en 45 annuités.

Intérêt et commission, 4,91 p. 0/0.

Amortissement, 0,66 p. 0/0.

L'élévation du cours des obligations foncières nous a permis de négocier, en 1859, celles que nous avions en portefeuille et celles qui nous ont été remises du second emprunt, à des conditions meilleures que pendant l'exercice 1858, et celles qui figurent à notre bilan au 31 décembre ont même été réalisées au pair cette année.

La différence totale entre le produit de la vente des obligations empruntées et le capital nominal des emprunts fait ressortir le taux réel de l'intérêt des sommes empruntées à 5.33 au lieu 5.40 qui résultait de nos premières négociations d'obligations.

Enfin, au tirage du 22 décembre dernier, l'une de nos obligations non encore vendues a gagné la prime de 100,000 francs, que vous voyez figurer au crédit du compte des profits et pertes.

Pour bien apprécier les avantages qu'offrent à notre Compagnie les

16

emprunts contractés au Crédit foncier, il est nécessaire de se rendre compte de la combinaison financière à l'aide de laquelle nous opérons le remboursement des sommes que nous avons empruntées dans le but d'imprimer une plus grande activité à nos travaux et de mettre en valeur nos terrains improductifs.

Permettez-nous d'arrêter un moment votre attention sur cette combinaison.

Vous savez déjà, Messieurs, que nos emprunts sont remboursables moyennant des annuités de 5,57 p. 0/0 du capital emprunté.

L'annuité se décompose comme suit, savoir :

Pour intérêt et commission............ 4,91 p. 0/0.
Pour amortissement.................. 0,66

La portion de l'annuité, afférente à l'intérêt et à la commission, soit 4,91, est prélevée chaque année sur les revenus de nos immeubles. Il est naturel, en effet, que le produit de ces immeubles supporte l'intérêt des sommes que nous avons empruntées pour leur construction. C'est une simple délégation de la portion du revenu afférente à ces emprunts.

Quant à la partie de l'annuité affectée à l'amortissement de ces mêmes emprunts, nous la mettons à la charge du compte de la réserve ; cet amortissement, en dégageant successivement les immeubles grevés, doit en rendre la propriété complétement libre, et augmente ainsi incessamment l'actif de la Compagnie.

Or, notre réserve statutaire se trouve déjà dotée, au 31 décembre dernier, d'une somme de 1,019,000 francs, qui doit s'accroître chaque année de 240,000 francs, conformément aux prescriptions de l'article 52 des Statuts, et il résulte de calculs, que chacun de vous peut contrôler, que les intérêts à 5 1/10 p. 0/0 sur les sommes successivement accumulées à notre réserve statutaire, produiront une somme suffisante pour payer la partie de l'annuité (soit 0,66 p. 0/0) afférente à l'amortissement des 14,600,000 francs que nous avons empruntés au Crédit foncier.

Ainsi donc, sans toucher aux capitaux de notre réserve statutaire, et en affectant seulement l'intérêt de ces capitaux à l'amortissement de notre dette, nous libérerons complétement nos immeubles de l'hypothèque consentie au Crédit foncier; et, après la période de quarante-cinq ans, pendant laquelle nous devons rembourser le Crédit foncier, l'actif de notre Société se trouvera augmenté, bonifié :

1° De la réserve annuelle de 240,000 francs prescrite par l'article 52 de nos Statuts, soit de.......................... 10,800,000 fr.

2° De la libération de l'emprunt contracté au Crédit foncier, soit de............................... 14,600,000

Soit ensemble............ 25,400,000 fr.

De sorte que, comme résultat et par le fait seul de cette accumulation, sans tenir compte des bénéfices que nous pourrons réaliser sur la revente de nos terrains, ni de la plus-value de nos immeubles, l'actif de notre Société, fondée au capital de 24,000,000 de francs, se trouvera porté à 50,000,000 de francs, sans que les actionnaires aient eu à répondre à aucun appel de fonds, et même sans qu'ils aient été privés de leurs intérêts et dividendes.

En résumé, les premières opérations de notre Compagnie se maintiennent dans une voie d'amélioration par l'augmentation des revenus qu'elles donnent.

Des constructions s'élèvent rapidement sur nos terrains du boulevard ; bientôt leurs produits, dont nous pouvons apprécier l'importance par une location déjà réalisée, s'ajouteront à nos bénéfices annuels et seront la compensation des longs sacrifices que cette affaire nous a coûtés.

L'opération des terrains du boulevard de Sébastapol est liquidée ; celle des Champs-Élysées marche à son terme. Nul doute qu'elle n'y fût arrivée sans la crise de l'année dernière et la prolongation de la saison rigoureuse.

Les conditions auxquelles nous avons contracté nos emprunts se sont améliorées par l'élévation du cours des obligations foncières, et le développement à donner à nos affaires engagées assure un fructueux emploi de nos capitaux.

Au 31 décembre, notre situation financière s'établissait ainsi qu'il suit :

## COMPAGNIE IMMO

Exercice

## SITUATION AU 31

**ACTIF.**

| | | |
|---|---|---|
| Grand Hôtel du Louvre. Terrains et constructions............... | 11,456,328 | 10 |
| D°        Ameublement.................. | 2,447,919 | 88 |
| Immeubles de la rue de Rivoli. Terrains et constructions............ | 6,392,785 | 28 |
| Immeubles du boulevard des Capucines......................... | 4,467,995 | 44 |
| Immeubles des Champs-Élysées........................... | 2,950,919 | 72 |
| Immeubles de la rue du Caire........................... | 351,854 | 23 |
| Société générale de Crédit mobilier ; s/c. courant............ | 3,442,982 | 86 |
| Divers débiteurs............................. | 9,970,929 | 55 |
| Loyers à recevoir........................... | 297,749 | 25 |
| Compte de premier établissement......................... | 401,691 | 81 |
| Différence sur la réalisation des obligations foncières à amortir en 46 ans. | 4,139,624 | 42 |
| Valeurs en portefeuille............................ | 2,665,103 | 40 |
| Caisse............................... | 375 | 78 |
| | 43,530,929 | 53 |

## BILIÈRE DE PARIS.

1859.

## DÉCEMBRE 1859.

**PASSIF.**

| | | | |
|---|---|---|---|
| Capital social............... | | 24,000,000 | » |
| Réserve statutaire............ | | 4,919,191 | 36 |
| Réserve extraordinaire........... | | 349,780 | 91 |
| Emprunts réalisés............. | | 15,388,290 | » |
| Divers entrepreneurs............ | | 4,454 | 66 |
| Restant à payer aux époques fixées par les contrats. | | 957,997 | 23 |
| Intérêts à payer.............. | | 933,918 | 30 |
| Loyers reçus par anticipation....... | | 456,170 | » |
| Solde du compte Profits et Pertes.......... | 499,709 | 91 | |
| Prélèvement sur la réserve extraordinaire......... | 96,379 | 09 | |
| | | 480,000 | » |
| | | 43,530,929 | 53 |

# COMPAGNIE IMMOBI

Exercice

## PROFITS ET

**DÉBIT.**

| | | |
|---|---|---|
| Balance des intérêts sur comptes courants et intérêts au Crédit foncier. | 391,436 | 85 |
| Frais généraux et allocations......................... | 175,317 | 12 |
| Amortissement d'un 45e de la perte sur les obligations foncières...... | 23,920 | » |
| Divers....................................... | 10,282 | 05 |

### RÉPARTITION DES BÉNÉFICES DE 1859.

| | | | | |
|---|---|---|---|---|
| Intérêts aux actions..................... | 1,200,000 | » | | |
| Réserve............................. | 240,000 | » | | |
| Compte du 1er établissement.............. | 20,000 | » | | |
| Dividende de l'exercice 1859.............. | 480,000 | » | 1,940,000 | » |
| | | | 2,531,946 | 69 |

## LIÈRE DE PARIS.

1859.

## PERTES.

**CRÉDIT.**

| | | |
|---|---|---|
| Produit des locations........................ | 855,290 | » |
| Hôtel du Louvre. Exploitation.................... | 961,301 | 43 |
| Bénéfices sur ventes d'immeubles................. | 604,076 | 10 |
| Primes de tirage au sort des Obligations foncières........... | 100,000 | » |
| Prélèvement sur la réserve extraordinaire............... | 20,279 | 80 |
| | 2,531,946 | 69 |

17

Nous avons eu, pendant tout le cours de 1859, des capitaux très-considérables engagés dans des travaux de construction que leur peu d'avancement a rendus improductifs. Nous aurions pu, comme c'est la règle logique en matière de construction, porter ces intérêts au compte du prix de revient de la construction; nous avons préféré, ainsi que cela a été dit précédemment, les déduire du revenu de notre exploitation; c'est ainsi que nous avons toujours procédé.

Cette situation se prolongera en 1860 et même en 1861. Ce n'est qu'en 1862 que nous aurons en entier les revenus locatifs de nos immeubles du boulevard des Capucines et des Champs-Elysées, revenu dont le total ne sera guère inférieur à 1,000,000 de francs.

Dans cette situation, et pour traverser sans secousse la période transitoire dans laquelle le développement de nos grandes constructions nous fait entrer, nous croyons devoir persévérer dans la voie que nous avons jusqu'ici suivie.

Le solde du compte, profits et pertes, après prélèvement des 240,000 fr. pour la réserve, et de 43,920 francs portés à l'amortissement des comptes de premier établissement et de la différence sur la réalisation des obligations foncières, s'élève à 429,720 francs. Nous vous proposons de distribuer, à titre de dividende, 480,000 francs, soit 2 francs par action, ce qui élèvera à 7 francs la somme reçue pour chaque action de 100 francs pour l'exercice 1859; pour cela nous devrons prélever 50,380 francs sur la réserve extraordinaire, qui se trouvera réduite à 549,720 francs.

La réserve statutaire suffit à nos besoins d'avenir; la réserve extraordinaire nous permettra, quoi qu'il arrive, et en attendant la mise en valeur de nos immeubles en cours de construction, de compléter, pour les années 1860 et 1861, un dividende au moins égal à celui que nous vous proposons d'adopter pour 1859.

C'est ainsi que, sans nous départir des règles de prudence que nous nous sommes imposées, nous pourrons, tout en distribuant des dividendes rémunérateurs à nos actionnaires, atteindre l'époque à laquelle nos opérations en plein rapport nous permettront d'élever le revenu de nos actions par suite du développement de nos travaux, développement qui doit avoir inévitablement pour effet d'augmenter à la fois la masse de nos produits et la valeur de notre actif.

Tels sont, Messieurs, les résultats que nous avons l'honneur de vous présenter. Nous avons la confiance que vous les trouverez d'autant plus favorables qu'ils ont pour base des valeurs immobilières de premier ordre, des constructions dont la supériorité n'est pas contestée, et que, par les considérations que nous venons de vous exposer, l'avenir ne peut qu'améliorer encore d'une manière notable le sort de la Société.

Les années précédentes, nous vous avons demandé de vous contenter d'un revenu modeste; vous avez eu la sagesse d'y consentir. La Société va commencer à recueillir le fruit de cette modération qui fonde le succès des solides et grandes entreprises.

Si vous adoptez la proposition que nous avons eu l'honneur de vous faire, vous aurez, Messieurs, à recevoir, le 1er juillet prochain, 4 fr. 50 c. par action, savoir :

2 francs, dividende de l'année 1859;

2 fr. 50 c., intérêts du 1er semestre 1860.

L'exécution de l'article 22 de nos statuts vous appelle à nommer quatre membres du Conseil d'administration en remplacement de

MM. Louis André,

Salvador,

Vavin,

De Wolodkowicz,

que le sort a désignés pour cesser leurs fonctions.

Nous devons vous rappeler qu'aux termes des statuts, les administrateurs sortants sont toujours rééligibles.

---

Après la lecture de ce rapport, l'Assemblée générale, statuant à l'unanimité, approuve les comptes de l'exercice 1859, et fixe à 7 francs, intérêts compris, le dividende afférent à cet exercice.

Le coupon du 1er juillet prochain sera payé à raison de 4 fr. 50 par action; savoir : 2 francs, solde de 1859, 2 fr. 50, intérêts du premier semestre 1860.

Les quatre administrateurs sortants sont réélus à l'unanimité.

# COMPAGNIE IMMOBILIÈRE DE PARIS.

# RAPPORT

## A L'ASSEMBLÉE GÉNÉRALE ORDINAIRE ET EXTRAORDINAIRE
### DU 20 AVRIL 1861.

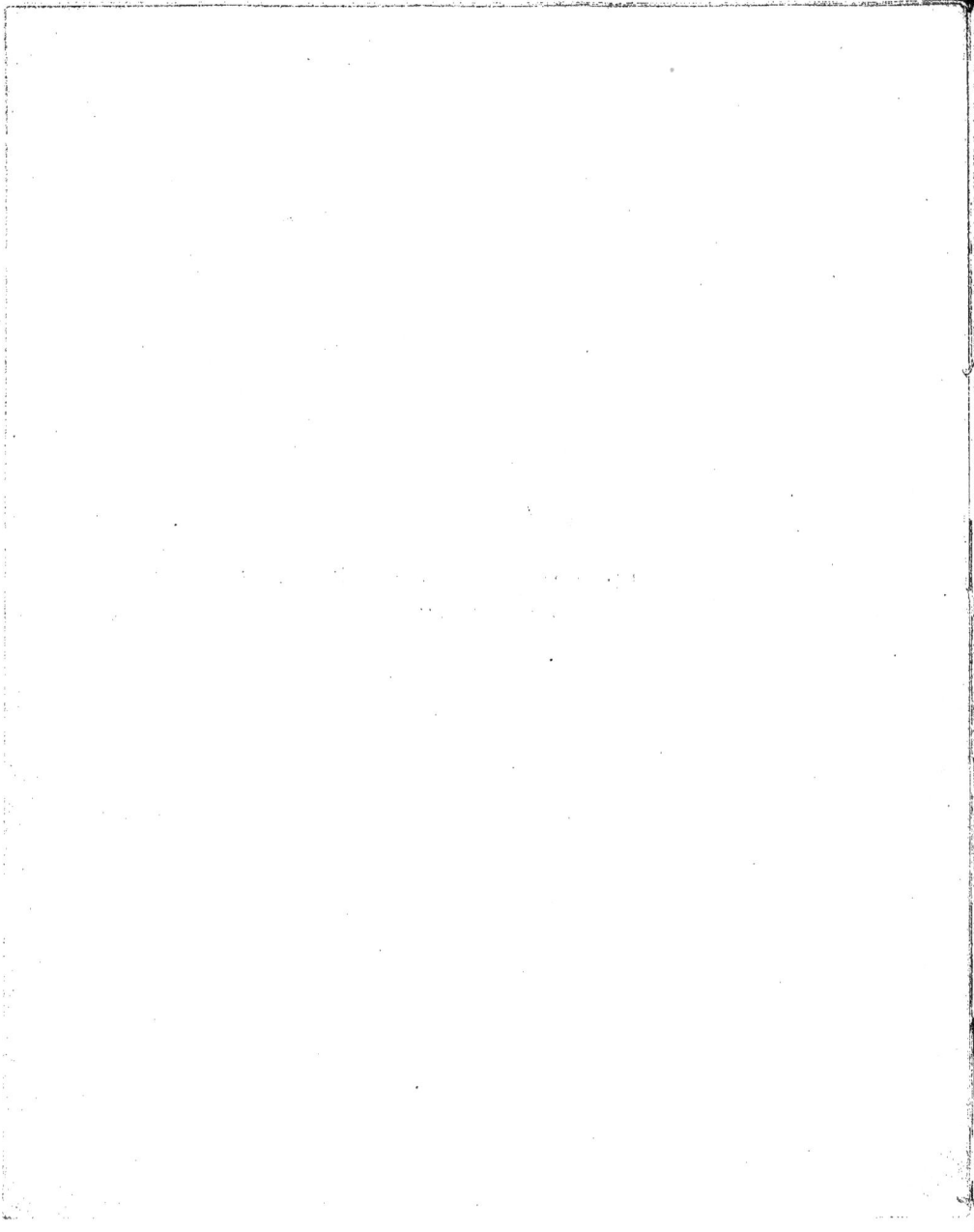

# COMPAGNIE IMMOBILIÈRE DE PARIS.

# RAPPORT

PRÉSENTÉ

## PAR LE CONSEIL D'ADMINISTRATION

Dans l'Assemblée générale ordinaire et extraordinaire des Actionnaires
du 20 Avril 1861.

PRÉSIDENCE DE M. ÉMILE PEREIRE.

MESSIEURS,

Les opérations qui ont été faites par notre Société pendant l'exercice
1860, et dont nous allons avoir l'honneur de vous faire l'exposé, présentent
une grande importance, non-seulement à cause des résultats heureux
que nous avons réalisés, mais encore et surtout à cause du développement
qu'ont pris nos affaires sociales.

Ce développement, vous en jugerez sans doute ainsi, est complétement
satisfaisant pour le présent et donne les assurances les plus brillantes et
les plus certaines pour l'avenir.

### *Immeubles de la rue de Rivoli.*

Dans la situation financière que nous vous avons présentée l'année
dernière, nos immeubles de la rue de Rivoli, au nombre de sept,
figuraient pour un capital de 6,592,585 fr. 20 c. et pour un revenu
de 525,087 fr. 50 c.

Pendant le cours de l'année 1860, nous avons aliéné quatre de ces immeubles en les échangeant contre de vastes terrains, boulevard des Capucines; ces quatre immeubles ont été acceptés par nos coéchangistes pour une valeur qui nous a laissé un bénéfice satisfaisant.

Les trois immeubles que nous avons conservés figurent dans nos comptes pour un capital de 2,302,920 fr. 20 c. et un revenu de 200,487 fr. 50 c.

Vous remarquerez, Messieurs, que la proportion entre ce revenu de 200,487 fr. 50 c. et le capital de 2,302,920 fr. 20 c., auquel il s'applique, est de 8,70 p. 0/0, tandis qu'avant nos dernières aliénations, notre revenu, rue de Rivoli, était de 527,000 fr. pour 6,592,000 fr. et représentait seulement 7,81 p. 0/0. Les immeubles que nous avons conservés ne sont donc pas ceux qui, comme placement, présentent le moins d'avantages.

### Grand hôtel du Louvre.

L'Hôtel du Louvre est dans la situation la plus prospère.

La location des boutiques atteint, chaque année, un chiffre plus élevé au moyen du renouvellement des baux expirés; le montant de cette location est aujourd'hui de 303,100 fr. et le produit des loyers a été, pour l'exercice 1860, de 296,400 fr.

L'exploitation même de l'hôtel donne d'excellents résultats.

Les recettes brutes, dont l'importance est la meilleure preuve de la faveur que cet établissement a obtenue du public, ont atteint un chiffre bien supérieur à celui des années précédentes, même les meilleures.

| | |
|---|---|
| Elles se sont élevées en 1860 à la somme de... | 2,594,663 fr. 65 c. |
| Elles avaient été en 1856 de................. | 2,180,422   59 |
|    —        1857................... | 2,529,138   74 |
|    —        1858................... | 2,168,210   36 |
|    —        1859................... | 2,202,685   28 |

Les bénéfices nets ont suivi une progression encore plus sensible :

En 1856, ils avaient été de.................. 781,704 fr. 41 c.
  1857............................... 912,552   05
  1858............................... 917,253   27
  1859............................... 941,301   43
  1860............................... 1,114,940  »

Cette somme de 1,114,940 fr. est supérieure de 226,937 fr. 21 c., ou de plus de 25 p. 0/0, à la moyenne des années précédentes.

Ensemble, l'hôtel a produit en 1860 :

Boutiques............................. 296,400 fr.
Exploitation.......................... 1,114,940
            Total................ 1,411,340 fr.

ou 10,13 p. 100 du capital.

Ces résultats, Messieurs, méritent de fixer toute votre attention.

En effet, l'année 1860 n'a pas été très-favorable aux affaires ; toutes les industries ont souffert, et, cependant, dans le courant de cette même année, l'Hôtel du Louvre a réalisé des bénéfices très-supérieurs à ceux qu'il avait déjà obtenus.

Cela provient évidemment de l'utilité de l'entreprise et des améliorations introduites dans toutes les parties de son exploitation.

Le progrès de toute chose, le besoin du confortable passé dans nos mœurs grandissant avec la richesse publique et la facilité de la locomotion, qui a décuplé le nombre des voyageurs, devaient amener dans le régime des hôtels meublés une complète transformation ; à ce flot d'étrangers qu'apportent nos chemins de fer il faut des logements assurés et les conditions de bien-être auxquels ils sont habitués.

18

L'Hôtel du Louvre remplit ces conditions, et nous commençons à obtenir les résultats qu'on doit attendre d'un établissement qui donne satisfaction à des besoins généraux, à des habitudes partout répandues, d'un établissement dont la création a été un fait d'utilité publique.

L'excellence de cette opération ressort encore, d'une manière évidente, de la décomposition des produits de l'hôtel, en deux parties : l'une représentant l'intérêt du capital immobilier, et l'autre le revenu de l'exploitation industrielle de l'hôtel.

Le revenu de l'hôtel et des boutiques a été, comme nous l'avons dit, de . . . . . . . . . . . . . . . . . . . . . . . . . . . . . . . . . . . . . . . . . . . . . 1,411,340 fr.

Les terrains et la construction de l'hôtel ont coûté à la Compagnie 11,496,328 fr., dont l'intérêt, à 8 p. 0/0, taux moyen du revenu de nos divers immeubles de la rue de Rivoli, s'élève à . . . . . . . . . . . . . . . . . . . . . . . . . . . .    919,706

qui, retranchés de l'ensemble du produit de 1,411,340 fr., donnent . . . . . . . . . . . . . . . . . . . . . . . . . . . . . . . . . . . . . .    491,635 fr.

Le mobilier de l'hôtel étant de 2,457,000 fr., le revenu du capital industriel ressort à 20 p. 0/0.

Au moment où la Compagnie entreprend la construction d'un autre établissement semblable à celui du Louvre, il nous a paru utile de mettre sous vos yeux des chiffres de nature à faire apprécier les résultats des exploitations de ce genre.

### Rue de Marignan.

Dans le courant de l'exercice 1860, nous avons réalisé la vente de deux lots de terrain provenant de l'ancien Jardin-d'Hiver, d'une contenance de 1,499 mètres 20 centimètres, moyennant un prix de 394,240 fr.

Sur ces deux ventes nous avons réalisé un bénéfice de 132,560 fr.

Sur les 20,400 mètres formant la superficie totale des terrains que nous avons achetés sur ce point, et déduction faite du sol de la rue, 16,000 mètres sont couverts de maisons et d'hôtels.

La part de notre Compagnie dans ces constructions comprend :

1° Deux maisons occupant une superficie de 1,600 mètres et portant, sur la rue de Marignan, les n°s 17 et 19, et un hôtel, n° 12, bâti sur 509 mèt.

Ces trois immeubles sont achevés depuis plusieurs mois ; l'hôtel est loué, et, sur les 16 appartements que renferment les deux maisons, 12 sont loués, 4 seulement restent à louer.

En chiffres, cet état de location se traduit ainsi :

Le montant des locations à réaliser était de 92,000 fr.

Les locations faites s'élèvent à 62,000 fr.

La valeur des locations à faire est de 30,000 fr.

2° Deux maisons, n°s 21 et 23, occupant une superficie de 1,572 mèt.

La construction de ces deux maisons n'est pas terminée ; cependant elle est fort avancée ; tous les gros travaux sont achevés, il ne reste à faire que les travaux d'intérieur.

Les appartements de ces maisons ayant des proportions moindres que ceux des n°s 17 et 19 sont déjà recherchés des locataires.

3° Deux hôtels, n°s 6 et 8, dont la construction est au même degré d'avancement que celle des maisons n°s 21 et 23.

Les terrains de la rue de Marignan, non encore construits, comprennent :

1° Un lot de terrain, à l'extrémité de la rue, à l'angle de la grande voie non encore entièrement ouverte, qui du pont de l'Alma se dirige vers l'Arc-de-Triomphe ;

2° Un lot de terrain, rue Marbeuf ;

3° Quatre lots de terrain, rue de Marignan, à gauche, en entrant par l'avenue des Champs-Élysées.

Nous avons pensé qu'il y avait pour nous, au double point de vue de l'utilisation de nos capitaux, et d'un meilleur rendement des immeubles voisins, un intérêt majeur à ne pas laisser plus longtemps ces terrains sans les mettre en valeur, et nous avons décidé que trois maisons seraient immédiatement construites sur ce dernier emplacement. Déjà les fouilles sont commencées, et dans quelques jours les travaux de maçonnerie seront entrepris.

Ces nouvelles maisons seront distribuées en appartements de moindre importance que ceux mêmes des maisons 21 et 23. En variant ainsi les proportions des appartements que nous aurons à louer rue de Marignan, nous avons voulu que nos constructions, sur ce point, présentassent des locations en rapport avec les besoins, les goûts et la fortune d'un plus grand nombre de personnes.

La diversité de nos locations les rendra plus faciles et plus sûres.

### *Immeuble de la rue du Caire.*

Cet immeuble est loué jusqu'à concurrence de 28,000 francs. Les locations à faire représentent 7,000 francs ; le produit total sera donc de 35,000 francs, ou 9.70 p. 0/0 du prix de revient.

### *Terrains et Immeubles du boulevard des Capucines.*

Notre opération des terrains et des immeubles du boulevard des Capucines a pris une grande extension.

Nos premières acquisitions sur ce point avaient été, vous le savez, celles de l'hôtel d'Osmond et des terrains de l'hôtel Moynat. Ces deux propriétés ont ensemble une superficie de 4,200 mètres, et figurent dans nos inventaires pour un prix de 2,500,000 fr., qui représente à peine 625 fr. par mètre.

Au moment de notre dernière réunion, nous avions réalisé deux acquisitions nouvelles, celles des maisons, rue Basse, nos 32 et 40.

Pendant le courant de l'année 1860 et le commencement de celle-ci, nous avons fait sur le même point, par voie d'échange et de soulte, l'acquisition des maisons, rue Basse-du-Rempart, nos 28 et 30, 42 et 44, 46, et passage Sandrié, n° 5.

Ces propriétés, y compris les nᵒˢ 40 et 42, ont une superficie de 13,000 mètres ; le prix auquel nous les avons achetées s'élève, avec les frais, à 10,900,000, ce qui fait ressortir le mètre à 838 fr. 46 c.

Ces acquisitions nous avaient mis en possession d'un vaste espace de forme irrégulière comprenant des parties atteintes par le percement projeté des rues de Mogador et de Rouen, et dans lequel des terrains appartenant à la ville se trouvaient enclavés.

Dans cette situation, nous avons dû céder à l'administration municipale les portions de terrains nécessaires à l'exécution de ses projets, et elle nous a donné en échange quelques fractions de terrains enclavés dans les nôtres, et, en plus, une portion du sol de la rue Basse supprimée.

Par suite de cette transaction, nous avons abandonné à la ville 3,471 mètres provenant de nos acquisitions, et elle nous a cédé 2,521 mètres 74 centimètres, provenant des siennes, plus 1572 mètres 75 centimètres, provenant du sol de la rue Basse.

La différence de 623 m. 49 qui résulte de l'importance de nos abandonnements respectifs s'est traduite en une soulte de 1,273,000 francs que nous avons dû payer à la ville de Paris.

Ainsi, tandis que l'on cherchait à établir que la ville de Paris effectuait des expropriations et des démolitions pour nous livrer des terrains, c'est nous qui, au contraire, sur les immeubles achetés à l'amiable par notre Compagnie par voie d'échange, livrions 649 mètres 28 centimètres de terrains de plus que la ville ne nous cédait, — et elle ne comblait la différence qu'en nous vendant 1,572 mètres provenant du sol de la rue Basse, qu'aux termes de la loi du 16 septembre 1807 elle ne pouvait vendre qu'à nous, et recevait, en outre, une soulte considérable.

Il convient d'ajouter que, sauf l'hôtel d'Osmond, qui a été acquis en 1853, et qui, pendant 7 ans, a dû attendre, pour être utilisé, que les projets de la ville et du gouvernement fussent arrêtés, — sauf cet immeuble, tous les autres que nous posssédons, boulevard des Capucines, ont été acquis plusieurs années après que les enquêtes et les décisions administratives ont eu déterminé les percements à exécuter dans le quartier et la construction de l'Opéra. — De sorte qu'en réalité chaque propriétaire qui a traité avec nous, au moment où il traitait, connaissait aussi bien que nous les grands projets que les enquêtes et les décisions administratives avaient portés à la connaissance de tous les habitants de Paris.

Aujourd'hui, notre Compagnie est propriétaire (indépendamment des hôtels d'Osmond et Moynat) de 13,600 mètres lui coûtant 12,200,000 francs, soit 897 fr. 05 le mètre ; en y ajoutant les terrains des hôtels d'Osmond et Moynat, nous possédons sur le boulevard des Capucines 17,600 mètres de terrains que nous avons payés 14,700,000 francs, ce qui représente un prix moyen de 825 fr. 84 c. par mètre.

Ces terrains forment trois groupes distincts et parfaitement réguliers.

Le premier, de 4,000 mètres, se compose des maisons construites sur le boulevard des Capucines et sur la rue de Lafayette prolongée vers la Chaussée-d'Antin.

Le second, de 8,300 mètres, occupe tout l'îlot compris entre la place de l'Opéra, le boulevard des Capucines et les rues de Mogador et de Rouen.

Le troisième, de 5,300 mètres, est situé à l'angle du boulevard et de la rue Mogador ; il occupe tout le côté gauche de cette rue jusqu'à l'impasse Sandrié.

Nous ne vous dirons que peu de mots, Messieurs, sur la valeur de ces terrains.

Le centre de Paris, ou plutôt de la vie parisienne, est aujourd'hui sur le boulevard des Capucines, au débouché de la rue de la Paix et de la

Chaussée-d'Antin. Les grands percements projetés, qui vont faire converger sur ce point de larges voies partant de toutes les extrémités de la capitale, l'y fixeront d'une manière définitive, et produiront un mouvement de population dont tout ce que nous avons sous les yeux ne peut donner qu'une faible idée.

Les maisons, les boutiques placées sur ce grand courant, auront incontestablement une valeur de premier ordre pour les industries et les commerces qui, pour vivre et prospérer, ont essentiellement besoin du mouvement, de l'activité de Paris.

L'affectation à donner à ces vastes terrains, à ces emplacements d'une si importante valeur, était une question grave ; voici le parti auquel nous nous sommes arrêtés après de mûres réflexions.

Vous connaissez déjà l'emploi que nous avons fait des terrains de l'ancien hôtel d'Osmond ; ils ont été divisés en cinq lots, sur quatre desquels quatre maisons ont été bâties, savoir :

1° Une grande maison, portant sur le boulevard des Capucines le n° 6 ;

2° Une maison à la suite, portant le n° 8, et ayant un corps de logis sur la place de l'Opéra et la rue Lafayette prolongée ;

3° Deux maisons sur la même place et la même rue.

La construction de ces immeubles est fort avancée ; il reste à peine, pour qu'elle soit entièrement achevée, à compléter les travaux de peinture intérieure.

Les bâtiments sur la rue Lafayette n'ont pas encore pu être mis en location. Le retard apporté à l'ouverture de cette rue en est l'unique cause. Ce retard, qui nous a été très-préjudiciable, ne saurait se prolonger. Déjà les maisons atteintes par ce percement jusqu'à la rue de la Chaussée-d'Antin sont expropriées ; elles seront promptement démolies et la rue livrée à la circulation. Dès lors la mise en valeur de nos maisons ne sera plus qu'une affaire de peu de temps.

Le rez-de-chaussée de la maison n° 6, sur le boulevard des Capucines, est loué en totalité, moyennant la somme de 138,000 fr.

Une des boutiques de la maison contiguë, le n° 8, est louée 24,000 fr.; la dernière boutique aurait été louée depuis longtemps si nous ne nous étions pas imposé un choix pour les industries que nous croyons convenable d'y voir établir, et si l'opinion publique ne s'était émue des faux bruits répandus sur des modifications d'alignement du boulevard des Capucines, sur l'abandon du projet du nouvel Opéra, etc., etc., voire même sur la démolition de nos immeubles.

Le temps a fait justice de ces bruits, et nous allons pouvoir mettre en location les grands et beaux appartements de ces maisons, qui occupent dans Paris la position peut être la plus avantageuse pour de grandes industries, au centre des affaires, du luxe et des plaisirs, dans l'axe même de la rue de la Paix.

Sur l'îlot compris entre les rues de Mogador, Rouen et le boulevard des Capucines nous avons décidé qu'il serait construit un hôtel meublé, semblable à l'Hôtel du Louvre, le GRAND HÔTEL DE LA PAIX.

L'extension du réseau des chemins de fer, tant en France qu'au delà de nos frontières, où ils se fondent avec nos lignes, attire à Paris un nombre de voyageurs toujours croissant, et rend de plus en plus nécessaire la création de grandes maisons meublées, offrant tous les genres de confortable que nous avons réunis à l'hôtel du Louvre et qui ont fait si vivement adopter cet établissement par une clientèle d'élite. Par suite, une opération de ce genre est une opération certaine, à la condition d'être bien conduite, et son succès sera d'autant plus assuré, qu'elle est réalisée dans le quartier le plus central, le plus fréquenté pour la promenade et les affaires.

Ensuite, les boutiques que nous avons et que nous aurons à louer sur le boulevard des Capucines, dans les rues de Rouen, Mogador et Lafayette prolongée, prendront d'autant plus de valeur que nous aurons fixé sur ce point une plus grande agglomération de riches voyageurs.

Nous obtiendrons un résultat semblable à celui produit par l'Hôtel du Louvre, rue de Rivoli, dont le voisinage a plus que doublé immédiatement la valeur des boutiques de tout le quartier.

En outre, sur le boulevard, les premiers étages se louent cher parce qu'ils conviennent au commerce. Pour les étages supérieurs, il en est autrement. Leur situation exceptionnelle porte leur location à un prix généralement trop élevé pour des habitations particulières. Leur affectation à des appartements meublés peut seule leur donner un utile emploi. Aussi l'établissement du *Grand Hôtel de la Paix* aura pour effet de faire produire à nos étages supérieurs des loyers plus importants que des locations ordinaires; il est logique en effet que, lorsqu'on n'occupe un appartement que pour un temps très-court, on peut le payer plus cher que lorsqu'on l'occupe d'une manière permanente.

La seule objection à la construction d'un nouvel hôtel était la concurrence qu'il pouvait faire à celui du Louvre. Le nouveau ne s'alimentera-t-il pas en tout ou en partie aux dépens de l'ancien?

Pour que cette objection fût fondée, il faudrait que le nombre des étrangers qui fréquentent Paris fût insuffisant pour les deux établissements; or, sans parler de l'accroissement incessant de cette population flottante, il ne faudra que douze à quinze cents voyageurs pour remplir les deux hôtels; c'est le maximum qu'ils pourront contenir. Or, qu'est-ce que douze, quinze cents voyageurs par rapport à la masse de ceux qui, chaque semaine, chaque jour, arrivent à Paris? Il est, à cet égard, un document curieux à consulter, c'est l'état des hôtels ou maisons meublées dont on peut constater le nombre dans nos dictionnaires d'adresses; il s'élève à plus de douze cents.

La population flottante de Paris faisant vivre douze cents hôtels grands ou petits, il n'est pas à craindre qu'elle ne fournisse un aliment suffisant à nos deux hôtels.

Quant à la difficulté d'administrer un aussi grand établissement, elle est résolue pour nous. L'exploitation de l'Hôtel du Louvre a donné à nos agents

19

supérieurs l'expérience nécessaire; nous n'avons plus de tâtonnements, plus d'essais à faire sur l'organisation, et il ne sera pas plus difficile d'exploiter deux hôtels qu'un seul.

La possession des deux hôtels placés sous la même administration sera même un fait favorable, en permettant de déverser sur l'un le trop plein de l'autre.

Les approvisionnements faits en commun seront effectués à des conditions d'autant plus avantageuses qu'ils porteront sur des quantités plus considérables.

Enfin toutes les considérations, et, notamment, les résultats obtenus dans l'exploitation de l'Hôtel du Louvre, se réunissent pour nous encourager à entrer dans la voie que nous avons adoptée.

Les terrains du boulevard des Capucines et de la rue de Mogador (côté gauche) seront appropriés à des cercles, à des maisons meublées, à des maisons de location. Leur magnifique situation, le voisinage de l'Opéra et de l'Hôtel de la Paix, sont les garanties évidentes de l'emploi avantageux que nous serons dans le cas d'en faire.

Le retard apporté à l'adoption des alignements définitifs ne nous a pas encore permis d'arrêter le plan des constructions que nous élèverons sur ce point, mais nos architectes sont à l'œuvre, et bientôt nous pourrons commencer nos travaux.

### *Terrains du boulevard Malesherbes.*

Le même mouvement de la population qui tend à fixer le centre de la vie de Paris sur le boulevard des Capucines amène le développement de la capitale vers l'Ouest.

Sous l'influence de ce mouvement, les Champs-Élysées, Passy, les Ternes, les Batignolles, ont rapidement acquis une nombreuse population.

Cependant entre ces diverses annexions populeuses de Paris un vaste espace était resté désert, les quartiers de Miroménil et la plaine Monceau.

Cet abandon tenait uniquement à l'absence de voie de communication reliant ces quartiers au centre de Paris; car, à tous les autres points de vue, ils étaient plus favorablement situés, plus rapprochés que les espaces voisins, qui s'étaient peuplés si rapidement.

Aussi lorsque la ville a décidé que le projet du boulevard Malhesherbes serait repris et exécuté, la plaine de Monceau, à laquelle il donnait une voie de communication qui lui manquait, s'est immédiatement sillonnée de boulevards magnifiques, et s'est couverte de nombreuses et d'élégantes constructions; le parc de Monceau, heureusement placé sur le parcours de la nouvelle artère, se transforme en un magnifique jardin public qui va être entouré de splendides hôtels contribuant à l'embellissement de ces nouveaux quartiers.

Les terrains à l'extrémité du boulevard Malesherbes ont acquis déjà, par le fait seul de son ouverture, une remarquable plus-value.

Ceux situés sur son parcours, dans l'intérieur de l'ancien Paris, et par conséquent plus rapprochés de la Madeleine, étaient destinés à augmenter de valeur dans une proportion plus grande encore.

Mais pour les mettre en valeur, aussi bien que pour ouvrir le nouveau boulevard, il fallait faire des travaux de déblais considérables, que la ville de Paris ou une Compagnie puissante pouvait seule entreprendre. C'est par ces motifs que nous nous sommes substitués à un traité que l'administration municipale avait passé avec les propriétaires de vastes terrains, situés entre la rue de la Bienfaisance et la rue de Valois et traversés par le boulevard Malhesherbes.

Nous avons offert au Conseil municipal de nous mettre au lieu et place de ces propriétaires, de leur payer l'intégralité de l'indemnité consentie et d'abandonner gratuitement à la Ville de Paris les terrains nécessaires à l'ouverture du boulevard Malhesherbes dans cette zone. Cette offre a été acceptée.

La ville est restée entièrement indemne, elle n'a rien eu à dépenser pour les 9,400 mètres de terrains que le jury lui aurait fait payer un million au moins, et nous sommes restés acquéreurs du surplus du terrain, d'une superficie de 32,400 mètres, moyennant un prix principal de 4,300,000 fr. qui se trouve augmenté des frais de contrat et des dépenses de déblaiement.

Nous avons commencé immédiatement les travaux de nivellement nécessaires. Ceux de vous, Messieurs, qui ont visité ces travaux, peuvent se rendre compte de l'activité que nous avons déployée et de la puissance des moyens que nous avons mis en œuvre.

Nous croyons que cette nouvelle opération sera très-heureuse, mais elle est encore trop récente, trop peu avancée pour que nous puissions traduire en chiffres nos appréciations.

### Emprunts.

Nos emprunts au Crédit foncier s'élevaient, à la fin de 1858, à la somme de 14,515,200 fr.; au 31 décembre 1860, ils n'étaient plus que de 12,814,187 fr. 90 c.

Cette réduction provient de l'amortissement annuel, et de ce fait que dans les actes de vente de deux de nos immeubles de la rue de Rivoli, il a été stipulé que la partie de nos emprunts grevant ces immeubles, et s'élevant à la somme de 1,620,000 fr., serait à la charge de nos acquéreurs.

Pendant l'exercice courant, nous avons contracté au Crédit foncier un nouvel emprunt sur les mêmes bases que les anciens, c'est-à-dire remboursable en quarante-cinq ans par annuité de 5,58 p. 0/0, savoir :

4,91 p. 0/0 pour commission et les intérêts ;

0,66 p. 0/0 pour l'amortissement.

Ce nouvel emprunt a été réalisé jusqu'à concurrence de 9,600,000 fr., complétant la somme de 24,000,000 fr., que, par votre délibération du 17 août 1858, vous nous avez autorisés à emprunter.

Nous venons aujourd'hui, Messieurs, vous demander de prendre une résolution qui nous permette de donner à nos emprunts toute l'augmentation que comporte le développement de nos affaires sociales.

Il faut que, sans attendre la réalisation d'une partie de notre actif, réalisation que nous saisissons toujours avec empressement, l'occasion de faire, lorsque nous y trouvons des avantages, ainsi que nous l'avons constamment fait dans les précédents exercices, nous ayons dès aujourd'hui le moyen de compléter les opérations commencées et d'entreprendre celles qui pourraient se présenter dans de favorables conditions. Nous vous demandons de nous donner des pouvoirs qui mettent à notre disposition les capitaux dont nous pourrons avoir besoin.

Nous vous proposons, en conséquence, de décider que votre Conseil d'administration est autorisé à emprunter une nouvelle somme de 40 millions.

Les années précédentes, nous avons appelé votre attention sur l'heureuse combinaison à l'aide de laquelle nous amortissons nos emprunts avec les intérêts produits par la réserve.

Permettez-nous de revenir sur cette considération.

Nos emprunts, contractés à long terme, nous obligent, vous le savez, au service d'une annuité fixe pendant un certain nombre d'années, quarante-cinq à cinquante ans.

L'annuité comprend deux éléments :

L'intérêt et la commission;

L'amortissement.

L'intérêt et la commission se prélèvent sur le revenu de nos immeubles.

Quant à la partie afférente à l'amortissement de nos emprunts, elle est, ainsi que nous l'avons établi dans nos précédents Rapports, à la charge de la réserve.

L'année dernière, en développant dans notre Rapport cette combinaison, nous calculions que les intérêts seuls de la réserve seraient suffisants pour pourvoir à l'amortissement de tous nos emprunts; les faits ont attesté l'exactitude de nos calculs. Le produit du placement que nous avons fait des capitaux de la réserve a non-seulement suffi à fournir la partie de l'annuité à payer au Crédit foncier représentant l'amortissement, qui s'est élevée à 103,000 fr., mais encore il a donné un excédant de 24,466 fr. 86 c. qui est venu en augmentation du chiffre de notre réserve.

Nos prévisions à cet égard sont donc pleinement réalisées.

Le mode d'emprunt que nous avons adopté, remboursable par annuités, présente l'avantage de faciliter la liquidation de nos opérations.

Les immeubles bâtis que nous possédons représentent chacun un prix considérable, et, par suite, leur transmission exigerait le déplacement de sommes très-importantes; c'est là un obstacle à leur aliénation que les avances du Crédit foncier remboursables à longs termes par de faibles annuités font disparaître. En effet, un immeuble valant 1 million, sur lequel le Crédit foncier avance 500,000 fr., ne comporte pas, pour être acquis, le déplacement de 1 million, mais de 500,000 fr. seulement, le surplus étant représenté par une annuité largement couverte en intérêts et amortissement par moins de la moitié du revenu total. L'acquéreur peut donc se libérer successivement des avances du Crédit foncier, sans se priver du revenu de ses 500,000 fr., et au bout de quarante-cinq ans il a doublé sa fortune. C'est une caisse d'épargne sur une grande échelle; car s'il a bien choisi la situation de l'immeuble ainsi acquis, il ajoute à cet avantage celui de la plus-value que la dépréciation constante du signe monétaire et l'augmentation incessante de la population parisienne et de l'aisance publique doivent infailliblement lui procurer.

Cette mobilisation partielle rend plus faciles les transactions sur les propriétés bâties, et, à plus forte raison, sur les terrains nus.

En effet, toutes les fois que nous vendons un terrain nu, en obligeant l'acquéreur à construire, nous pouvons consentir à ce que notre prix de vente soit converti tout entier en une hypothèque au Crédit foncier; il en résulte, d'une part, que l'acquéreur se libère du prix de son terrain en annuités, et qu'il peut employer à ses constructions toutes ses ressources disponibles; d'autre part, que nous-mêmes, nous diminuons de la totalité du prix de la vente notre dette vis-à-vis le Crédit foncier.

L'application de cette combinaison facilite la liquidation de nos opérations et en rend la marche plus prompte; en même temps elle propage le système des prêts du Crédit foncier et fait apprécier les avantages de cette mobilisation partielle de la propriété au moyen de laquelle le produit du capital immobilisé s'accroît dans une proportion considérable.

Les considérations que nous venons de développer sont faciles à saisir; déjà, les années précédentes, nous les avons signalées à votre attention. Il semble cependant qu'elles aient été mal comprises de plusieurs de nos actionnaires, car, à l'annonce de l'Assemblée actuelle indiquant un nouvel emprunt, plusieurs d'entre eux ont vendu leurs titres et amené sur les valeurs de notre Compagnie une dépréciation qui n'avait aucun fondement réel.

Loin de compromettre la prospérité de notre Compagnie, le développement de nos affaires à l'aide de capitaux empruntés, y contribue d'une manière décisive. En effet, l'amortissement de nos emprunts, tel que nous l'effectuons, a pour effet d'augmenter incessamment notre capital social par le dégrèvement de nos immeubles hypothéqués.

En outre, les revenus afférents à notre capital social augmentent dans une proportion considérable par l'association de ce capital à un capital emprunté.

Un exemple rend ce résultat saisissant.

Supposez que nous ayons un immeuble nous coûtant un million, et produisant, comme nos immeubles de la rue de Rivoli, 8,70 p. 0/0.

Si nous avons pris sur notre capital social l'intégralité du million, que coûterait cet immeuble, cette partie de notre capital ne produira que 8,70 p. 0/0.

Si au contraire nous avons fourni ce million, moitié avec notre capital social, moitié avec des capitaux empruntés,

Les 87,000 fr., produit de l'immeuble, se répartissent de la manière suivante :

27,850 pour le service de l'emprunt, amortissement et intérêts ;

59,150 pour le capital fourni par nous, ou 11,83 p. 0/0.

L'augmentation de notre revenu sera donc de 3,13 p. 0/0.

A ce point de vue, notre capital social devient un capital de garantie, et plus nos emprunts atteignent un chiffre élevé, plus aussi s'élève la proportion des profits afférents à notre capital.

Nous sommes à cet égard dans une situation semblable à celle du Crédit foncier lui-même.

Cet établissement, avec un fonds social de 30,000,000 de francs, a émis pour 250,000,000 d'obligations, et sa prospérité est d'autant plus grande, son crédit d'autant plus assuré, que la somme de ses emprunts a été plus considérable ; car il ne peut emprunter que pour prêter à son tour sur des gages hypothécaires certains, d'une valeur double de la somme prêtée, et chaque prêt lui procure une commission annuelle pendant toute la durée du remboursement par annuités ; or le dividende de ses actions se composant de la légère différence qui existe entre le taux auquel il consent ses prêts et celui auquel il émet ses obligations, ce dividende doit incessamment s'accroître à mesure de l'extension des opérations.

Pour nous, il en sera de même ; une partie notable de nos bénéfices se composera de la différence entre le produit de nos placements immobiliers et le taux de l'intérêt que nous aurons à payer sur nos capitaux empruntés, de telle sorte qu'en même temps que nos emprunts augmenteront, nos revenus éprouveront un accroissement correspondant, et notre situation deviendra plus prospère.

## SITUATION FINANCIÈRE.

Au 31 décembre dernier, le bilan de notre Compagnie présentait la situation suivante.

TABLEAU

20

# ACTIF.

| | | |
|---|---:|---:|
| Grand Hôtel du Louvre. Acquisitions et constructions............. | 11,496,328 | 80 |
| D° Ameublement......................... | 2,447,912 | 88 |
| Immeubles de la rue de Rivoli............................... | 2,302,920 | 20 |
| Immeubles du boulevard des Capucines........................ | 16,064,681 | 25 |
| Immeubles des Champs-Élysées............................... | 3,651,575 | 79 |
| Immeubles de la rue du Caire............................... | 360,881 | 39 |
| Terrains du boulevard Malesherbes ......................... | 4,645,508 | » |
| Divers débiteurs........................................... | 5,311,612 | 98 |
| Produit des locations...................................... | 239,406 | 75 |
| Compte de premier établissement............................ | 765,601 | 01 |
| Différence sur la négociation des obligations foncières à amortir en 45 ans | 1,072,370 | 57 |
| Valeurs en portefeuille.................................... | 1,544,535 | 22 |
| Caisse..................................................... | 129 | 37 |
| | 49,903,364 | 21 |

# PASSIF.

| | | |
|---|---:|---:|
| Capital social . . . . . . . . . . . . . . . . . . . . . . . . . . . . . . . . . . . . . . . . . . | 24,000,000 | » |
| Réserve statutaire . . . . . . . . . . . . . . . . . . . . . . . . . . . . . . . . . . . . . . . . | 1,283,618 | 22 |
| Réserve extraordinaire . . . . . . . . . . . . . . . . . . . . . . . . . . . . . . . . . | 988,439 | 01 |
| Capital des emprunts amortis . . . . . . . . . . . . . . . . . . . . . . . . . . . | 103,624 | 40 |
| Emprunts réalisés . . . . . . . . . . . . . . . . . . . . . . . . . . . . . . . . . . . . . . . | 12,814,187 | 90 |
| Société générale de Crédit mobilier s/c courant . . . . . . . . . . . . . . . . . . | 2,042,502 | 44 |
| Immeubles restant à payer . . . . . . . . . . . . . . . . . . . . . . . . . . . . . . . | 6,454,317 | 33 |
| Loyers reçus par anticipation . . . . . . . . . . . . . . . . . . . . . . . . . . . . . | 124,895 | » |
| Dividende à distribuer . . . . . . . . . . . . . . . . . . . . . . . . . . . . . . . . . . | 1,200,000 | » |
| Intérêts à payer . . . . . . . . . . . . . . . . . . . . . . . . . . . . . . . . . . . . . . . . | 891,779 | 91 |
| | | |
| | 49,903,364 | 21 |

Cette situation financière fait ressortir dans notre actif des différences sensibles sur divers comptes.

Le chiffre de certains chapitres, comme celui de la rue de Rivoli, a diminué, d'autres ont augmenté, celui du boulevard des Capucines entre autres.

Ces variations sont la conséquence des ventes et des acquisitions que nous avons faites pendant l'exercice 1860.

Les comptes comme celui de l'hôtel du Louvre, qu'un pareil motif ne pouvait faire varier, sont restés aux mêmes chiffres que les années précédentes.

Nous avons adopté le principe, et nous appelons toute votre attention sur ce point, de ne porter au compte du prix de revient de nos immeubles ni les intérêts des sommes employées à leur construction, ni les dépenses faites pour leur entretien.

Ainsi, cette année, il a été dépensé à l'Hôtel du Louvre plus de 100,000 fr. en renouvellement, augmentation de mobilier, en modifications immobilières. Cette somme a été passée par frais d'exploitation.

Ce mode de procéder, qui réserve l'avenir, nous a valu des observations de la part de quelques-uns de nos principaux actionnaires.

On nous a fait entendre qu'alors que le capital de la Compagnie repose sur des immeubles d'une valeur notoire et exempte de dépréciations, le Conseil n'avait peut-être pas le droit de retenir, au profit de l'avenir, un bénéfice qui appartenait au porteur actuel de nos titres. Nous n'avons pas cru devoir déférer à ces réclamations, et vous approuverez, nous l'espérons, notre résolution de persister dans la voie de prudence que nous nous sommes imposée dès le début de notre Compagnie.

Le compte Profits et Pertes se composait ainsi qu'il suit :

# COMPTE DE PRO

## DÉBIT.

| | | |
|---|---:|---:|
| Intérêts sur compte courant.................................... | 477,892 | 13 |
| Frais généraux............................................... | 177,376 | 81 |
| Amortissement d'un 44e de la différence sur la négociation des obligations foncières......................................... | 24,000 | » |
| Divers...................................................... | 31,332 | 26 |

### RÉPARTITION DES BÉNÉFICES DE 1860.

| | | | | |
|---|---:|---|---:|---|
| Intérêts aux actions............................ | 1,200,000 | » | | |
| Réserve statutaire............................. | 240,000 | » | | |
| Dividende de l'exercice 1860..................... | 1,200,000 | » | | |
| Réserve extraordinaire.......................... | 438,718 | 10 | | |
| Compte de 1er établissement..................... | 36,000 | » | 2,114,718 | 10 |
| | | | 3,825,340 | » |

# FITS ET PERTES.

## CRÉDIT.

| | | |
|---|---:|---|
| Locations.................................................... | 698,908 | » |
| Bénéfices sur reventes d'immeubles.............................. | 2,020,196 | » |
| Hôtel du Louvre. Exploitation.................................. | 1,114,640 | » |
| | 3,825,340 | » |

Sur les bénéfices nets de l'exercice de 1860, après avoir prélevé la dotation annuelle de 240,000 fr. formant la réserve statutaire, — 24,000 fr. pour amortissement du compte différence sur la négociation des obligations foncières, — 63,000 fr. pour amortissement au compte de premier établissement, — 1,200,000 fr. pour intérêts à 5 p. 0/0 de nos actions ; il reste une somme de 1,638,718 fr. 10 c. que nous vous proposons de répartir ainsi :

1,200,000 fr. à nos actions à titre de dividende, soit 5 p. 0/0 ou 5 fr. par action qui, ajoutés à l'intérêt déjà payé, élèveront à 10 p. 0/0 par action, le revenu de l'année 1860.

Si vous adoptez cette résolution vous aurez à recevoir le 1ᵉʳ juillet prochain, 7 fr. 50 c. par action, se décomposant ainsi :

5 fr. de dividende de l'exercice dernier, — 2 fr. 50 à compte sur les intérêts de 1861.

Les 438,718 fr. 10 c. restant devront être portés à la réserve extraordinaire qui atteindra ainsi le chiffre de 988,439 fr. 01 c.

Le capital auquel s'élèvera cette réserve extraordinaire nous assure au besoin pour l'exercice 1861 la distribution d'un dividende égal à celui de 1860, quoique pendant l'année 1861 la grande masse de nos immeubles, ceux qui ont la valeur la plus considérable, doive se trouver en voie de construction, comme les maisons élevées sur l'emplacement de l'hôtel d'Osmond et celles de la rue de Marignan, comme l'hôtel de la Paix, dont la construction est commencée depuis dix jours, enfin comme les terrains de la rue Mogador prolongée, sur lesquels les travaux ne sont pas encore entrepris : il y a là un ensemble d'immeubles qui représente une valeur de 35 à 40 millions qui va rester improductif pendant cet exercice et une partie du suivant.

La création d'une réserve extraordinaire nous permettra si, par impossible, nous ne réalisons pas de bénéfices sur nos ventes d'immeubles de traverser cette période transitoire sans que le chiffre de nos dividendes diminue ; cette part faite à la prudence consolide la valeur actuelle de nos actions et leur prépare dans l'avenir des avantages durables et constamment progressifs.

Nous vous proposons d'adopter encore une autre résolution.

Au 1<sup>er</sup> janvier de chaque année, nous ne vous avons jusqu'à présent distribué qu'un semestre d'intérêt, 2 fr. 50 c. ; au 1<sup>er</sup> juillet, nous vous
payons l'autre semestre d'intérêt et le dividende tout entier ; il en résulte
entre les sommes distribuées à ces deux époques une disproportion trop
forte ; nous avons l'intention, et vous ne nous en refuserez pas l'autorisation, de vous donner, au 1<sup>er</sup> janvier prochain, si la situation de notre Compagnie le permet, une somme de 5 fr. par action, ladite somme comprenant l'intérêt semestriel de 2 fr. 50 c., et un à-compte de 2 fr. 50 c. sur
le dividende.

Le 1<sup>er</sup> juillet suivant, vous recevrez un nouveau semestre d'intérêt et le
complément du dividende qui, tout nous permet de l'espérer, s'élèvera au
moins à 2 fr. 50 c. ; il en résultera que vous aurez à recevoir tous les six
mois une somme de 5 fr. par action, jusqu'à l'époque où nos produits annuels dépassant 10 p. 0/0, nous aurons à vous proposer une nouvelle répartition.

Avant, Messieurs, de vous soumettre les résolutions que nous vous demandons d'adopter, permettez-nous de résumer la situation de notre Compagnie.

Nos entreprises en plein rapport deviennent chaque jour plus produc-
tives, et celles que nous avons liquidées par des ventes ou des échanges l'ont
été aux conditions les plus avantageuses.

Les retards qui ont longtemps rendu improductive une partie importante
de notre actif social vont avoir leur terme ; les constructions que nous avons
commencées s'élèvent rapidement, et bientôt leurs produits augmenteront
dans une notable proportion la masse de nos revenus fixes. Déjà, cette
année, la somme que nous pouvons distribuer à nos actionnaires s'élève à
un chiffre important, 10 p. 0/0, et cependant notre réserve statutaire
s'accroît incessamment : elle dépasse aujourd'hui 1,200,000 fr.

Enfin, l'existence d'une réserve extraordinaire, qui atteint près d'un million, nous donnera la possibilité de maintenir, pendant la période transitoire

21

et nécessairement improductive de nos grandes constructions, nos dividendes au taux où nos réalisations, aussi avantageuses que prudentes, nous ont permis de les porter cette année.

La prospérité de notre Compagnie repose sur les bases les plus solides; elle est intimement liée au développement de Paris.

Or, ce développement si considérable depuis l'établissement des chemins de fer n'est pas à son apogée ; sous l'influence de causes semblables à celles qui font affluer la population sur Paris, Londres a vu le nombre de ses habitants s'élever, en vingt-cinq ans, de 1,200,000 à 3,000,000.

Un mouvement semblable s'opère à Paris : en 1851, l'enceinte des fortifications comprenait 1,268,904 habitants ; en 1861, leur nombre atteint déjà 1,737,983. C'est en dix ans une augmentation de 469,079 habitants, et ce mouvement continue incessamment ; il ne se produit pas également et de la même manière dans toutes les parties de l'ancienne et de la nouvelle zone de Paris ; c'est surtout comme à Londres, dans la direction de l'Ouest (Westend) que le développement s'opère et marche à grands pas ; cette observation, qui frappe aujourd'hui tous les yeux, n'est ni nouvelle ni imprévue pour nous, et c'est par ce motif que nos principales acquisitions, nos plus importantes constructions, ont été faites et entreprises dans cette direction. Et à cet égard votre Conseil d'administration, composé d'hommes mûris dans la pratique des affaires, a été unanime dans cette appréciation ; voici ce que l'un de ses membres écrivait, il y a vingt-neuf ans, dans le *Journal du Commerce* du 5 mai 1832 :

« Napoléon avait bien compris ce développement de population, lors-
« qu'il annonçait que dans quarante années Paris serait au pont de Neuilly;
« cette prévision était évidemment empreinte du caractère de grandeur
« qu'il imprimait à toutes ses conceptions ; mais comme ce ne sont pas
« seulement les magnifiques avenues ni les arcs de triomphe qui consti-
« tuent les villes florissantes, Paris, abandonné à sa propre direction, a
« pris un écoulement plus utile pour sa population laborieuse ; la grande
« capitale cherche maintenant un nouveau rivage de la Seine ; elle est ap-
« pelée à le trouver entre Clichy et Saint-Ouen.

« Cette pensée doit donc diriger les actes de l'administration ; elle doit
« incessamment favoriser cette extension ; c'est le meilleur moyen de dé-
« gager les quartiers encombrés et malsains ; la situation élevée du revers
« de Montmartre, au nord de Paris, augmente considérablement la salu-
« brité des nouveaux quartiers de Monceaux et de Batignolles. »

Voici ce qu'en citant cette appréciation du mouvement de Paris écrivait
ce même administrateur, il y a huit ans, le 29 mars 1853, dans un
Rapport aux actionnaires d'une Compagnie de chemins de fer :

« Ce qu'avait annoncé l'Empereur Napoléon il y a près d'un demi-siècle
« sera réalisé par les grands travaux qui inaugurent le règne de Na-
« poléon III.

« Le boulevard Malesherbes, le chemin de Ceinture, le chemin de
« Passy, d'Auteuil et de Neuilly, et les embellissements du bois de Bou-
« logne vont accélérer avec une prodigieuse activité cette extension de la
« capitale. »

Ces prévisions se sont successivement justifiées ; les terrains acquis par la
Compagnie de Saint-Germain en 1835 et 1836, rue de Londres et place
d'Europe, et sur lesquels en partie la gare est établie, ont été payés 15 et
20 fr. le mètre, ils valent aujourd'hui 200 et 250 fr. le mètre.

Les terrains sur lesquels le chemin d'Auteuil a été établi dans les plaines
de Monceaux, des Ternes, de Neuilly, de Passy et d'Auteuil, à quelques pas
des fortifications, ont été payés en 1853 de 3 à 5 fr. le mètre ; leur valeur
varie aujourd'hui de 30 à 50 fr. le mètre.—Ces vastes espaces, qui étaient
livrés à la culture, sont devenus des quartiers importants et magnifiques, où
de nombreuses constructions se sont élevées, et où, chaque jour, on en
voit un grand nombre de nouvelles s'élever rapidement, adaptées à tous
les besoins, à toutes les situations de fortune et d'état. Si elles n'ont pas
eu pour effet de combattre et d'empêcher entièrement la hausse des loyers,
c'est parce que sans doute elles ne sont pas encore en rapport avec l'en-

semble des nouveaux besoins, avec l'augmentation incessante de la population. Mais, telles qu'elles sont, elles n'ont et ne peuvent avoir pour effet
de produire cette hausse des loyers, comme par le plus étrange abus du
raisonnement on a cherché à l'établir.

C'est par l'observation de cet ensemble de faits que notre Compagnie,
après avoir achevé la plus belle partie de la rue de Rivoli, celle qui longe
le Louvre et les Tuileries, a été amenée à entreprendre deux grandes
opérations, l'une sur le boulevard des Capucines, l'autre aux Champs-
Elysées, à l'ancien Jardin-d'Hiver, puis à en commencer une troisième sur
le parcours du boulevard Malesherbes.

Si nos statuts n'avaient pas limité nos opérations à des acquisitions à
faire à la ville de Paris, nous leur aurions donné une plus grande importance; vous en auriez recueilli les profits et le public n'y aurait rien
perdu, car, évidemment, un bien plus grand nombre de constructions
se seraient élevées par nos soins.

Quoi qu'il en soit, ce qu'il nous a été permis de faire, nous l'avons
fait, et nous pensons que l'existence, l'action de la Compagnie n'ont pas
été inutiles au développement et à l'embellissement de la capitale; nous
avons la conscience d'avoir secondé l'édilité parisienne et, en même temps,
d'avoir assuré à la Compagnie un succès qui est la récompense de nos efforts
et par lequel nous sommes heureux de pouvoir reconnaître la confiance
dont vous avez bien voulu nous honorer.

Aux termes de l'article 22 des statuts, vous avez à nommer cinq Administrateurs, en remplacement de :

MM. BIESTA,
CIBIEL,
D'EICHTHAL,
DOLLFUS,
GEORGE,

que le sort a désignés pour sortir cette année.

Nous vous rappelons que les Administrateurs sortants sont toujours rééligibles.

Notre collègue, M. Loubat, nous ayant prié d'accepter sa démission d'Administrateur, aux termes des statuts, nous avons nommé provisoirement, pour le remplacer, M. Auguste Thurneyssen, l'un des fondateurs des chemins de fer de Saint-Germain, de Versailles et du Nord.

Vous aurez également à statuer sur la ratification de cette nomination.

---

Après la lecture du Rapport, l'Assemblée générale statuant à l'unanimité, approuve les comptes de l'exercice 1860, et fixe à 10 francs, intérêts compris, le dividende afférent à cet exercice.

Le coupon du 1er juillet prochain sera payé, à raison de 7 fr. 50 c. par action, savoir : 5 fr. solde de 1860 ; 2 fr. 50 c. intérêts du premier semestre 1861.

Les cinq Administrateurs sortants sont réélus à l'unanimité.

A l'unanimité, la nomination de M. Aug. Thurneyssen, en remplacement de M. Loubat, est confirmée.

L'Assemblée générale autorise le Conseil d'Administration à emprunter, soit par émission d'obligations, soit par tout autre moyen, une somme de 40 millions de francs.

Paris, Imprimerie de Paul Dupont, rue de Grenelle-Saint-Honoré, 45.

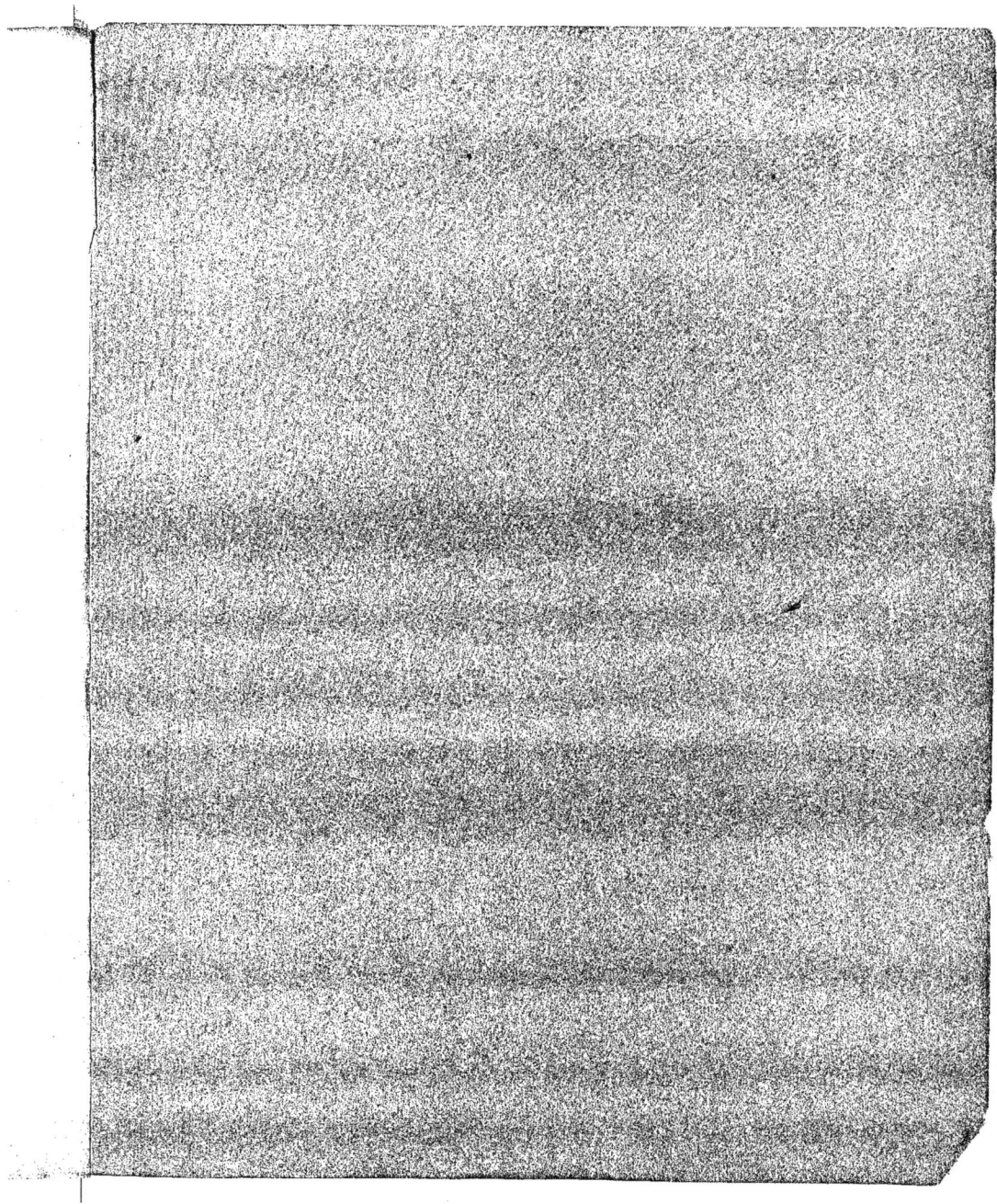

PARIS
IMPRIMERIE DE PAUL DUPONT
Rue Jean-Jacques-Rousseau

www.ingramcontent.com/pod-product-compliance
Lightning Source LLC
Chambersburg PA
CBHW050110210326
41519CB00015BA/3907